Parcours Zachée

1
LA BOUSSOLE

Parcours Zachée

La doctrine sociale de l'Église dans la vie quotidienne

1
LA BOUSSOLE

Enregistrements audio et recueil d'exercices

Éditions de l'Emmanuel

37, rue de l'Abbé-Grégoire, 75006 Paris

ISBN 978-2-35389-061-3

« Entré dans Jéricho, Jésus traversait la ville. Survint un homme appelé Zachée ; c'était un chef des collecteurs d'impôts et il était riche. Il cherchait à voir qui était Jésus, et il ne pouvait y parvenir à cause de la foule, parce qu'il était de petite taille. Il courut en avant et monta sur un sycomore afin de voir Jésus qui allait passer par là. Quand Jésus arriva à cet endroit, levant les yeux, il lui dit : "Zachée, descends vite : il me faut aujourd'hui demeurer dans ta maison." Vite Zachée descendit et l'accueillit tout joyeux. Voyant cela, tous murmuraient ; ils disaient : "C'est chez un pécheur qu'il est allé loger." Mais Zachée, s'avançant, dit au Seigneur : "Eh bien ! Seigneur, je fais don aux pauvres de la moitié de mes biens et, si j'ai fait tort à quelqu'un, je lui rends le quadruple." Alors Jésus dit à son propos : "Aujourd'hui, le salut est venu pour cette maison, car lui aussi est un fils d'Abraham. En effet, le Fils de l'homme est venu chercher et sauver ce qui était perdu." »

Évangile selon saint Luc, chapitre 19, versets 1-10

AVERTISSEMENT

Si vous avez ce livre entre les mains,
• soit vous êtes participant à un parcours Zachée ;
• soit vous voulez lancer un tel parcours ;
• soit vous voulez faire le parcours seul à partir de cet ouvrage.

Dans tous les cas, vous trouverez dans ce livre, les informations pour tirer le meilleur parti de ce parcours. Quelle que soit votre situation, il est bon de savoir ce que l'on peut attendre de cette démarche en comprenant comment elle a été conçue.

Le parcours Zachée est un programme de formation destiné aux chrétiens qui désirent faire l'unité entre leur vie de foi et leur vie quotidienne « dans le monde ». Il a été créé dans le cadre de la Communauté de l'Emmanuel, par une équipe animée par Pierre-Yves Gomez, dont vous pourrez entendre les enseignements dans le CD associé à ce livre. L'ensemble des parcours est coordonné par cette équipe que vous pouvez retrouver sur le site **www.parcourszachee.com**.

Les enseignements audio sont issus d'enregistrements *live* donnés lors de sessions de Paray-le-Monial. La qualité du son en est tributaire, mais les enseignements gardent aussi une partie de leur spontanéité. À chaque thème correspondent deux séries d'exercices pour mettre en œuvre l'enseignement. Ce livre a été conçu pour que vous puissiez vous en servir pour écrire, remplir des tableaux, rédiger des notes. Servez-vous-en, c'est votre carnet de route !

Vous trouverez dans l'introduction tous les éléments nécessaires pour comprendre, mais aussi pour démarrer un parcours Zachée. Quelle que soit votre situation, commencez par lire soigneusement l'introduction pour vous imprégner de l'esprit du parcours. Cela vous sera indispensable pour cheminer. La section VII de l'introduction est particulièrement destinée à ceux qui ne peuvent pas faire le parcours en groupe. Pour vous aussi, le Seigneur va pouvoir dire : « *Il me faut aujourd'hui demeurer dans ta maison* » !

INTRODUCTION
LE PARCOURS ZACHÉE : QU'EST-CE C'EST ? COMMENT EST-IL FAIT ? COMMENT FAIT-ON ?

I. Pourquoi un parcours Zachée ?

Intuition à l'origine du parcours Zachée : faire l'unité entre vie de foi et vie dans le monde

Le parcours Zachée est un programme de formation spirituelle principalement destiné aux fidèles laïcs qui désirent approfondir leur vie chrétienne dans sa dimension quotidienne, qu'elle soit familiale, professionnelle, sociale et/ou politique. Il s'appuie sur l'enseignement social de l'Église catholique (doctrine sociale de l'Église), notamment le Compendium paru en 2004 et le Catéchisme ainsi que les textes du Magistère. Il ne s'agit néanmoins ni d'un cours sur la doctrine sociale de l'Église ni d'une mise en pratique de celle-ci, mais d'un parcours spirituel destiné à trouver, dans notre quotidien, les moyens de notre sanctification.

Dans leur immense majorité, les chrétiens vivent dans le monde et du monde. Ils passent la plupart de leur temps à exercer des activités professionnelles et familiales, sociales et, parfois, politiques. Ils trouvent leurs moyens de subsistance dans le monde, c'est là qu'ils exercent (ou pas) leurs responsabilités et leur autorité, leur sens de la justice et leur capacité d'aimer. Pour une large part, ce sont leurs activités au service du monde qui les valorisent – ou les dévalorisent.

Ainsi, même s'il ne se veut pas **du** monde, le laïc est **dans** le monde. Mais comment peut-on être **dans** le monde **tout en n'étant pas du monde** ? On peut être tenté de séparer les deux sphères, celle de la vie de foi, d'un côté, et celle de la vie quotidienne, de l'autre. Cela revient à condamner le laïc chrétien à vivre une double vie : une vie « hors du monde », pieuse et ecclésiale (le dimanche ou lors des prières, des partages ou des services qu'il rend à l'Église) ; une autre « dans le monde », profane et mondaine (au travail, dans la société de tous les jours). Le chrétien serait alors obligé de faire un travail d'introspection permanent pour agir le « moins mal possible » dans le monde, étant entendu que son développement spirituel réel se ferait « hors du monde », en échappant aux contraintes de la société.

Cela n'est ni satisfaisant ni tenable. En effet, en séparant ainsi la vie de foi et l'activité courante, nous ne parlons du monde que du point de vue des péchés qu'il nous conduit à commettre, jamais des occasions de sanctification dont il nous donne l'opportunité ! Or le mépris du monde nous prive de notre espace principal de sanctification. Car si ce n'est pas là que nous réalisons notre chemin de sainteté, où donc le réaliserions-nous ? Si ce n'est pas là que nous manifestons que nous sommes des disciples du Christ, où le manifestons-nous ? Ne pas chercher à nous sanctifier **à partir de notre vie quotidienne** dans le monde, c'est nous condamner à ne trouver aucun chemin de sanctification dans le milieu où nous sommes appelés à vivre. On est alors réduit à une vie culpabilisante ou décevante, que les temps de prières et de vie ecclésiale permettent, par moments, d'adoucir ou de mortifier.

Tel est le point de départ du parcours Zachée : prendre au sérieux que l'essentiel de la vie spirituelle d'un laïc chrétien se réalise dans le monde, à partir des expériences qu'il y fait et que c'est cela qu'il faut rendre fécond. **Le monde est l'espace qui nous est donné pour notre sanctification.** Si nous prenons conscience que, chaque jour, la société ne nous offre pas seulement des pièges pour nous faire pécher, mais aussi des occasions de grandir en sainteté, nous pouvons spiritualiser toute notre vie quotidienne et l'unifier avec notre vie de prière. En participant, par notre activité, à la création divine, en poursuivant le bien commun, en gérant avec justice nos propriétés, en ayant une attention particulière pour les pauvres, en exerçant l'autorité, en prenant des responsabilités, en vivant en communauté, etc., nous réalisons cette « cohérence eucharistique » dont parle Benoît XVI (*Sacramentum caritatis*, 83 s.) Il n'y a plus d'un côté la vie pieuse et de l'autre la vie active, mais une seule et même vie chrétienne pour le Seigneur.

Comment faire : un parcours spirituel pour découvrir la voie de Zachée

Dans l'évangile de Luc au chapitre 19, Jésus dit à Zachée : « *Aujourd'hui il faut que je demeure chez toi.* » Prenons au sérieux cet « **aujourd'hui** » et ce « **chez toi** ». Le temps est celui du présent, celui de notre vie quotidienne ; et c'est dans **notre propre maison** que le Seigneur veut demeurer. Cela inclut notre famille, notre travail aussi bien que les activités sociales ou politiques que nous développons. C'est en elles que Jésus veut s'inviter et c'est en elles qu'il s'agit de Le recevoir. Si bien qu'à la fin de l'évangile, le Seigneur ne dit pas à Zachée : « Vends tout ce que tu as et suis-moi »... Il le laisse dans le monde, mais à présent illuminé **et transformé** par sa visite.

> Zachée est notre modèle et l'image de notre espérance : que le Seigneur vienne dans l'aujourd'hui de nos vies pour habiter notre maison.

Comprendre que le Seigneur nous visite dans le plus quotidien et même le plus trivial de nos vies nécessite souvent une **conversion préalable** au parcours. Nous sommes trop habitués à notre double vie, spirituelle d'un côté et profane de l'autre. Il n'est pas rare que nous en souffrions. Mais il est aussi courant que nous en éprouvions un certain confort, parce que finalement, séparer le spirituel du temporel a un avantage : nous pouvons nous considérer comme **victimes** du monde lorsque nous y péchons ou lorsque nous ne nous y comportons pas en disciples du Christ. Et puis, avouons-le honnêtement, cela nous permet aussi de ne pas mettre en question certaines de nos conduites...

Le premier objectif du parcours Zachée est de faire saisir qu'un renversement de perspective est nécessaire et ce qu'il implique. Pour en bénéficier pleinement, le participant ne doit donc pas seulement avoir envie d'apprendre mais il doit avoir le désir de **réconcilier** sa soif de Dieu avec les activités qu'il lui est donné de vivre.

Le second objectif est de familiariser avec une **spiritualité de la vie quotidienne** qui permette d'apprendre en quoi celle-ci nous offre mille opportunités pour notre sanctification. Des exercices, des partages fraternels, des temps de prières collectives et personnelles sont proposés au participant. À l'issue du parcours, celui-ci doit pouvoir considérer que, dans le plan de Dieu, sa vie quotidienne est un extraordinaire « champ d'opportunités » qu'il est appelé à exploiter pour grandir en sainteté. Et s'en émerveiller !

Le contenu du parcours s'appuie sur la doctrine sociale de l'Église. Néanmoins, il ne s'agit pas d'« appliquer » celle-ci pour trouver des solutions toutes faites aux problèmes que nous vivons en société. La doctrine sociale de l'Église nous éclaire sur les moyens pour transformer nos intelligences et nos cœurs afin de vivre en cohérence dans cette société, y compris en dénonçant ses injustices et ses désordres. Le parcours Zachée invite à trouver les moyens concrets de réaliser **l'art de vivre chrétien** que nous propose l'Église.

Dans l'esprit du parcours, l'équipe qui l'anime par l'accueil des participants ou les enseignements doit être d'abord motivée par le désir, non d'apporter des « connaissances », mais de donner à des frères et sœurs dans le Christ, l'opportunité de transformer leurs vies quotidiennes, et, partant, leurs vies elles-mêmes, en s'appropriant, à leur rythme et selon leurs moyens propres, cet art de vivre chrétien. Il revient à l'autorité particulière du responsable de l'équipe de veiller à maintenir cette dynamique bienveillante, fraternelle et exigeante à l'égard de chaque personne participant au parcours.

C'est pourquoi le parcours Zachée doit se concevoir et se réaliser comme une **œuvre de l'Esprit Saint**. S'il met à disposition des moyens concrets pour progresser, si l'équipe d'animation doit, par son accueil et sa bienveillance, favoriser l'épanouissement spirituel des participants, seul l'Esprit peut agir en chacun, toucher son cœur et le transformer. Aussi est-il important de considérer que le soutien des participants par la prière est une dimension importante du service de l'équipe animatrice du parcours.

TROIS POINTS CLÉS POUR COMPRENDRE UN PARCOURS ZACHÉE

- Avoir à cœur que les participants grandissent dans leur relation au Seigneur en découvrant et en utilisant pleinement les opportunités que leur offre la vie en société.
- Saisir l'importance de faire l'expérience d'un art de vivre chrétien par une mise en œuvre personnelle plutôt que par une compréhension qui resterait purement intellectuelle.
- Considérer qu'un tel parcours est l'œuvre de l'Esprit Saint en chacun d'entre nous : ne pas chercher à obliger ou convaincre, mais accompagner fraternellement de manière à rendre disponible à l'Esprit.

II. Contenu du parcours Zachée

Le parcours se compose :

0. D'une séance d'**introduction générale** à la doctrine sociale de l'Église et à un « art de vivre chrétien ».

1. Des temps d'**enseignement** : ils sont destinés à faire découvrir les principales thématiques, tirée de la doctrine sociale de l'Église, permettant de considérer le monde comme le lieu de notre sanctification. Le CD associé propose des enseignements sur chaque thème.

2. Des temps d'**exercices personnels** : en lien avec les enseignements, des livrets permettent aux participants de réfléchir chaque jour sur des questions posées par notre vie quotidienne, et sur les moyens de réaliser, en les abordant mieux, un progrès spirituel.

3. Des temps de **partage** : régulièrement, les participants se retrouvent en petits groupes pour échanger leurs expériences. Ces échanges ne se fondent que sur les exercices. Il ne s'agit pas, en effet, de discuter abstraitement sur la doctrine sociale de l'Église ou sur ses expériences personnelles, mais de comprendre concrètement comment chacun à sa façon a pu vivre les exercices proposés, ce qui fait obstacle, etc. L'échange d'expériences est indispensable. Il se fait sous la responsabilité d'un membre de l'équipe d'animation qui a en charge six à huit participants.

4. Des temps **conviviaux** : il est important que le parcours soit lui-même une expérience fraternelle de vie en société. Des repas, soirées ou week-ends communs peuvent être organisés en ce sens, de manière que l'art de vivre chrétien se réalise aussi dans le parcours.

Si vous avez l'intention de faire le parcours de manière autonome, à partir de ce livre, vous êtes évidemment concerné par les temps d'enseignement et les exercices. Néanmoins, prenez bien conscience, avant de commencer, que l'esprit du parcours doit conduire aussi au partage sur ce que vous découvrez. C'est pourquoi il est bon de s'interroger pour savoir si vous ne pouvez pas travailler au moins avec une ou deux autres personnes. On progresse toujours mieux ensemble…

0. La séance de découverte de la doctrine sociale de l'Église

Le parcours commence par une séance de découverte de la doctrine sociale de l'Église, organisée pour un public assez large. Cette journée est ouverte à tous ceux qui sont curieux de la doctrine sociale dans une paroisse ou une communauté ou simplement en tant que citoyen. Elle présente les grands thèmes de la doctrine sociale de l'Église, les textes principaux, sa logique interne et quelques-unes de ses propositions. C'est à l'issue de cette journée que le parcours Zachée est décrit et proposé comme une suite concrète à cette introduction générale.

Cette étape est facultative dans le cas où un noyau fondateur (voir signification au point VI, p. 00) a sélectionné des personnes motivées pour suivre le parcours. Néanmoins, dans un souci d'ouverture et d'évangélisation, il est bon de l'organiser.

1. Les temps d'enseignement

Ils permettent d'aborder huit thèmes :

Thème 1 : Acteurs de la création : la création se poursuit par notre activité dans le monde.

Thème 2 : Pour servir le bien commun : c'est lui qui oriente notre activité.

Thème 3 : Un usage juste de la propriété : la propriété est nécessaire, elle nous est confiée. Qu'en faire, comment vivre justement en l'utilisant ?

Thème 4 : Une option préférentielle pour les pauvres : en quoi notre souci particulier pour les plus faibles est-il indispensable pour que notre œuvre dans la création soit pleinement accomplie ?

Ces quatre premiers thèmes constituent « la boussole » car ils permettent de donner les quatre points cardinaux pour s'orienter dans le monde. Ils sont proposés dans le CD qui accompagne cet ouvrage.

Thème 5 : L'autorité : qu'est-ce qu'exercer une autorité lorsque l'on est chrétien, qu'est-ce qu'obéir ?

Thème 6 : La subsidiarité et la participation : deux principes pour organiser la vie d'une communauté sociale.

Thème 7 : L'engagement. Cet enseignement se fait sous la forme d'un témoignage (homme politique, syndicaliste, dirigeant, etc.)

Thème 8 : Un art de vivre chrétien. Cet enseignement fait la synthèse du parcours et montre comment tous ces thèmes se répondent pour former une vision cohérente de notre vie en société.

Ces quatre derniers enseignements forment « le compas », car ils permettent de mesurer nos relations avec les autres et notre engagement dans la société. Ils sont abordés dans le tome II du parcours.

Le parcours se déroule donc en deux parties, très complémentaires mais qui ont leur logique propre. Il est important de saisir le plan d'ensemble mais aussi la cohérence de chaque partie pour organiser un parcours.

COMME VOUS LE CONSTATEREZ EN ÉCOUTANT LES ENREGISTREMENTS, TOUS LES ENSEIGNEMENTS SONT STRUCTURÉS IDENTIQUEMENT EN CINQ POINTS POUR AIDER LE PARTICIPANT À INTÉGRER L'ESSENTIEL

- Premier point : lien entre le thème et l'anthropologie chrétienne, son enracinement dans la vision chrétienne de l'homme, donc de Dieu. On échappe ainsi à tout soupçon d'idéologie et on montre que la même anthropologie chrétienne fait le lien entre tous les thèmes.
- Deuxième point : définition du thème, son contenu, ses implications
- Troisième point : l'antithèse du thème. Par exemple, pour le travail (thème 1) l'antithèse est le repos ; pour la richesse (thème 3) l'antithèse

est le dépouillement, etc. Cela permet d'aller jusqu'au bout de chaque thème, jusqu'à sa limite, notamment pour une mise en pratique.

- Quatrième point : les pathologies. Pour chaque thème, on met en évidence ce qui, le plus souvent, nous empêche de vivre pleinement un art de vivre chrétien. Nos pathologies ou péchés les plus courants sont évoqués par des pratiques concrètes et non des « péchés généraux » : par exemple, la suractivité pour le thème abordant le travail, la « shopping thérapie » pour le thème abordant la richesse, la peur d'exercer une autorité, etc.

- Cinquième point : la Parole de Dieu. Il est important de terminer l'enseignement en commentant un extrait d'évangile en relation avec celui-ci. Le commentaire est rapide et rappelle que Jésus est le modèle absolu de l'art de vivre chrétien.

  Notez néanmoins que dans l'enregistrement live associé à cet ouvrage, ce dernier point n'a pas été enregistré. Vous trouverez dans le recueil d'exercices des éléments pour aborder ce cinquième point, de même que le plan détaillé de tous les enseignements.

Il n'y a pas de discussion après les enseignements, ni de réponses aux questions. Il faut laisser chaque participant à sa découverte et à son apprentissage. Cela exige des enseignements clairs, sans ambiguïtés et dont on puisse tirer aisément les conséquences. Des références précises aux textes du Magistère sont systématiquement données pour que chaque participant puisse aussi approfondir à son rythme. L'orthodoxie avec l'enseignement de l'Église est une condition pour lancer un parcours et éviter toute dérive.

2. Les exercices

Au nombre de cinq à huit selon les thèmes abordés, ils sont présentés dans le présent **livre** d'exercices. Ils sont plus nombreux en début qu'en fin de parcours pour que le participant s'immerge dans cette logique d'auto-apprentissage. Au fur et à mesure, celui-ci doit trouver lui-même des exercices appropriés à sa vie, refaire les anciens, etc. Les exercices prennent généralement quelques minutes par jour. Ils doivent indispensablement donner lieu à des prises de notes, qui peuvent être directement inscrites sur le livre. Il ne s'agit pas, en effet, de réfléchir vaguement à la question posée, mais de noter les deux ou trois éléments importants qu'on en tire. L'expérience montre que cela est essentiel pour en profiter pleinement. C'est aussi important lors des échanges en groupe de partage.

Les exercices se déroulent en deux phases :

- Après l'enseignement, **une première série d'exercices** propose des exercices personnels très fortement liés aux principales accroches de l'enseignement.
- Après le groupe de partage (voir ci-dessous), **une seconde série d'exercices** propose, outre de nouveaux exercices, des questionnements plus spirituels accompagnés de textes liés au thème traité : adoration eucharistique, méditation de la Parole de Dieu, textes des Pères de l'Église ou du Magistère, etc. Complétant ainsi la mise en pratique, ces exercices sont plus « libres » et plus « privés ». Ils ne donnent pas lieu à un échange avec d'autres participants.

Il est nécessaire que les exercices soient effectués très régulièrement. Même si elle est difficile pour les participants, souvent très actifs, l'implication personnelle régulière est indispensable pour tirer parti du parcours. Sans cela, on risque d'en rester à une compréhension « intellectuelle », sans faire le lien avec sa vie concrète de tous les jours.

En effet, il s'agit d'**expérimenter**, et pas seulement de comprendre intellectuellement, ce qu'est un art de vivre chrétien. Bien entendu chacun progresse à son rythme et il ne s'agit pas de contraindre les participants et encore moins d'être dans une logique scolaire d'exercices à rendre ! Il faut simplement attirer l'attention, ou se rappeler, si on travaille seul, **en début de parcours, puis à intervalles réguliers, l'importance de cette fidélité,** dans la bienveillance fraternelle et le respect de chacun. On dissuadera dès le départ les participants qui ont l'intention de ne suivre que les enseignements et qui passeraient, ainsi, à côté de l'essentiel.

3. Les temps de partage

Deux semaines après l'enseignement portant sur un thème a lieu un moment de partage en groupe. Chaque groupe réunit six à huit participants, sous la responsabilité d'un **animateur de groupe**. L'objectif est d'échanger des expériences, des points de difficulté, des « découvertes » et des étonnements, à partir des exercices. L'animateur doit couper les discussions qui porteraient sur des opinions ou des interprétations, y compris du thème de l'enseignement. L'échange doit se centrer sur le **vécu** des participants **à partir des mêmes exercices**. En encourageant l'échange fraternel, l'animateur doit s'assurer que les échanges s'enracinent dans un travail des participants pour approfondir leur expérience personnelle.

Le temps de partage **dure une heure** et cette durée doit être clairement énoncée en début de partage et respectée, pour que celui-ci ne se transforme pas en lieu de discussions infinies. Il commence par la lecture d'un court texte du Magistère qui résume un point essentiel de l'enseignement et permet de rafraîchir la mémoire.

L'ANIMATEUR DU GROUPE A TROIS MISSIONS PENDANT LE PARTAGE

- Veiller à ce que chacun puisse prendre la parole s'il le désire et que personne ne la monopolise.
- Encourager fraternellement les participants à approfondir leurs expériences en étant fidèles aux exercices. Il doit être, bien entendu, exemplaire sur ce point.
- Stimuler un changement de regard sur le monde en incitant les participants à voir en quoi celui-ci offre des opportunités de sanctification à travers les expériences partagées.

Si vous pensez travailler ces exercices en dehors d'un parcours organisé, vous constatez que ce temps de partage n'est pas un détail. Il fait partie du contenu du parcours parce qu'il permet de faire le point, de se resituer, d'écouter comment les autres progressent, de prier avec eux et d'être stimulé par eux. C'est pourquoi il est bon que vous puissiez échanger régulièrement sur vos expériences. Le blog du site Zachée peut vous aider aussi.

4. Les moments conviviaux

Ils sont aussi déterminants pour la réussite d'un parcours :

- Lors de chaque rencontre, un effort particulier doit être fait sur **l'accueil et la convivialité**. Les participants viennent souvent après leur temps de travail, ils sont donc fatigués ou stressés. Il est important qu'ils trouvent un lieu chaleureux où ils sont personnellement et fraternellement accueillis.

- Deux fois durant le parcours, il est souhaitable d'organiser une soirée, un repas ou un moment de **détente en commun**, de manière que le parcours soit aussi le moment de rencontres personnelles.

- Il est bon que durant le parcours des **eucharisties communes** soient proposées aux participants, non suivies d'un temps festif, l'eucharistie étant le moment festif partagé. Un temps d'**adoration** en commun peut aussi être proposé.

L'imagination et la charité doivent être inventives en ce domaine ! Pour que le parcours se déroule bien, l'équipe chargée de la logistique prendra soin des détails (salles, horaires exacts, informations distribuées, etc.) dans **un effort fraternel** particulier pour que le parcours soit confortable pour chacun. Il importe que les participants soient touchés par le soin que l'on peut prendre à leur confort. Pour l'équipe logistique, c'est aussi un exercice faisant partie du parcours !

EN RÉSUMÉ – POUR CHAQUE THÈME, IL Y A QUATRE ÉTAPES

ÉTAPE 1

L'ENSEIGNEMENT DU THÈME DEVANT TOUS LES PARTICIPANTS OU EN ÉCOUTANT LE CD

Série d'exercices 1

La première série d'exercices fait suite à l'enseignement. Elle permet de s'approprier, concrètement, les principaux sujets abordés. Elle propose de petits exercices de réflexion et de prière pour passer des idées aux actes et s'interroger concrètement sur sa vie.
On peut consacrer quelques minutes le matin au thème proposé. Chaque matin, on prend du temps pour prier : Un axe de prière est proposé ainsi qu'un extrait de la Parole de Dieu qui accompagnera le participant toute la journée.

ÉTAPE 2

TEMPS DE TRAVAIL PERSONNEL :
deux semaines

ÉTAPE 3

PARTAGE EN PETITS GROUPES

Série d'exercices 2
sur le même thème

La deuxième série d'exercices fait suite au partage en groupe. Elle propose quelques pistes pour progresser, mais sans organiser le travail de manière aussi systématique que dans la première série. Cinq types d'exercices sont suggérés pour les deux semaines qui suivent :
- des exercices personnels pour approfondir les points de progrès choisis en groupe de partage ;
- des exercices sur notre environnement ;
- des exercices pour approfondir les textes de la doctrine sociale de l'Église ;
- un exercice d'adoration du Saint Sacrement ;
- un exercice de méditation de la Parole pour récapituler tout ce que nous avons découvert en revenant à la Parole de Dieu.

ÉTAPE 4

TEMPS DE TRAVAIL PERSONNEL :
deux semaines

Et la suite… ENSEIGNEMENT du thème suivant

III. Déroulement type d'une séance en groupe (enseignement ou temps de partage)

Durée totale 1 h 30

- Temps d'accueil **10 minutes** (ce temps peut être augmenté selon la taille des groupes)
- Louange : **10 minutes.** Elle permet d'orienter l'attention des participants vers l'œuvre de l'Esprit. On veillera à animer la louange en ce sens.
- Enseignement ou groupe de partage : **60 minutes.**
- Prière commune : **10 minutes.** Elle permet de clore la soirée en invitant les participants à laisser se poursuivre en eux l'œuvre de l'Esprit. Par des prières jaculatoires, il est bon de présenter ce qui a été entendu et dit devant le Seigneur et d'inviter les participants à cette pratique.

Il est important de tenir l'horaire par respect pour les participants, quitte à poursuivre de manière informelle.

Remarque : autant que possible, tous les groupes de partage se réunissent au même endroit (paroisse, salle commune ou privée) de manière que l'esprit de communauté de l'ensemble des participants soit maintenu durant le parcours.

IV. Exemple de calendrier type d'un parcours

L'expérience montre qu'il n'est pas facile de tenir tout le parcours sur une année. La densité de l'apprentissage et des découvertes est telle qu'il est bon qu'une coupure soit faite dans le déroulement. C'est pourquoi il est conseillé d'organiser un parcours **sur une année civile**. Le parcours peut démarrer en janvier/février jusqu'à mai et développer les quatre premiers enseignements composant « la boussole ». Cette première partie se termine par une synthèse des enseignements reçus. Les participants sont alors invités à poursuivre le parcours après une coupure. L'équipe d'organisation peut proposer des activités communes durant la période de césure, de manière à consolider les liens fraternels qui se sont noués : service en commun, retraite en commun, participation à une session de Paray, etc.

À l'issue de la période de césure, les quatre enseignements composant « le compas » sont donnés, par exemple, entre septembre et décembre.

Ce calendrier type ne tient pas compte des vacances scolaires et doit être adapté en conséquence. Il est bon d'organiser le parcours de manière que les quatre premiers thèmes soient traités sans coupure importante, de même pour les quatre suivants. Au total, la première partie se déroule sur seize semaines, la seconde sur douze semaines.

Cette organisation en deux temps a plusieurs avantages :

- elle permet de mieux maîtriser l'effort nécessaire pour suivre le parcours ;
- elle permet aux organisateurs de souffler entre les deux parties ;
- elle permet à un « noyau fondateur » de se former entre septembre et décembre, de manière à lancer un nouveau parcours en janvier (voir section VI ci-dessous).

Les organisateurs doivent être particulièrement sensibles à la gestion de la césure et de la « reprise » pour que les participants en bénéficient pleinement.

Si vous vous organisez seul, ou avec un petit groupe, définissez bien votre calendrier dès le départ.

Lancement du parcours	**Journée zéro : présentation de la doctrine sociale de l'Église (facultatif)**	Mois 0
	Information et sélection des participants	Mois 0
THÈME 1	**Enseignement 1**	Jour J Semaine S Mois 1
		Quinze jours
	Groupe de partage sur livret 1	Semaine S +2
		Quinze jours
THÈME 2	**Enseignement 2**	Semaine S + 4
		Quinze jours
	Groupe de partage sur le livret 2	Semaine S +6
		Quinze jours
THÈME 3	**Enseignement 3**	Semaine S + 8
		Quinze jours
	Eucharistie commune Groupe de partage sur le livret 3	Semaine S +10
		Quinze jours
THÈME 4	**Enseignement 4**	Semaine S + 12
		Quinze jours
	Groupe de partage sur livret 4	Semaine S + 14
		Quinze jours
FIN DE LA PREMIÈRE PARTIE. CÉSURE		
Événement convivial	*Week-end ou repas ensemble : petit enseignement de synthèse sur « la boussole »* *Semaine S + 16*	
THÈME 5	**Enseignement 5**	Jour J Semaine S Mois 1
		Quinze jours
	Groupe de partage sur livret 5	Semaine S + 2
		Quinze jours
THÈME 6	**Enseignement 6**	Semaine S + 4
		Quinze jours
	Groupe de partage sur livret 6 *Adoration commune*	Semaine S + 6
		Quinze jours
THÈME 7	**Enseignement 7**	Semaine S + 8
		Quinze jours
	Groupe de partage sur livret 7	Semaine S + 10
		Quinze jours
THÈME 8	**Enseignement 8** *Événement convivial final*	Semaine S + 12

V. Comment fonctionne un parcours Zachée : qui fait quoi ?

Un parcours Zachée suppose une équipe d'animation et un nombre suffisant de participants. Les promoteurs s'engagent auprès des responsables du parcours Zachée (voir site Internet **www.parcourszachee.com**) à observer scrupuleusement le déroulement type d'un parcours, à ne changer le contenu ni des enseignements ni des livrets proposés, et à les tenir informés du déroulement du parcours.

Ces conditions sont importantes car le parcours touche des éléments sensibles de la vie des personnes. Des dérives et des manipulations sont toujours possibles. C'est pourquoi, pour protéger autant les participants que les animateurs et en fidélité avec l'Église, il est essentiel que le parcours ne puisse pas être soupçonné d'être un moyen d'exercer un pouvoir personnel ou une influence qui soit contraire aux attentes d'un tel service et à la charité fraternelle.

Pour la préparation de l'équipe d'animation, voir la section VI. Les paragraphes suivants donnent l'esprit qui doit présider à l'organisation du parcours. Les propositions concrètes de mise en œuvre sont à adapter selon la situation locale.

Si vous vous organisez seul, manifestez-vous sur le site du parcours, de manière à pouvoir entrer en contact avec d'autres personnes dans votre situation.

Les participants

Ils sont entre 12 et 40, de manière à organiser entre deux et cinq groupes de partage.

Il importe de vérifier qu'ils ont bien compris le sens et le contenu du parcours.

- Ils sont **motivés** par le développement spirituel et non par un simple cours sur la doctrine sociale de l'Église.
- Ils sont prêts à quelques **efforts** personnels nécessités par l'engagement dans le parcours. On vérifiera, en particulier, qu'ils n'ont pas une

activité qui les empêcherait d'être fidèles dans la durée. Cela est laissé à l'appréciation du responsable du parcours.

- Ils ont été **informés** de celui-ci dans une journée 0 ou personnellement.

Il n'y a pas de conditions d'âge ou de type d'activité. Au contraire, un mélange des générations et des états de vie est souhaitable.

DEUX POINTS IMPORTANTS POUR ÊTRE DANS « L'ESPRIT ZACHÉE »

- **Durant le parcours**, les participants sont invités par les organisateurs à rendre des services pour que le parcours puisse fonctionner. Les participants ne doivent pas être passifs quant à l'existence, le déroulement et la pérennité du parcours. Aussi les animateurs doivent-ils faire en sorte que, au cours du parcours, tous les participants aient pu prendre un service nécessaire à son bon déroulement, en fonction des disponibilités, talents et engagements de chacun, mais en n'omettant personne. On ne « suit » pas le parcours, on le « fait » ensemble.
- **À l'issue d'un parcours, il doit se constituer au moins un nouveau noyau fondateur**... d'un nouveau parcours. Il faut inviter assez vite des participants à prendre cette responsabilité. En effet, on ne fait pas le parcours uniquement pour soi, pour « s'enrichir personnellement ». On le fait aussi pour pouvoir offrir les trésors de la doctrine sociale à d'autres. C'est ainsi que l'on comprend que nous sommes tous invités à participer à la création. C'est pourquoi on peut dire qu'un parcours est « réussi », non pas si les participants en sont « contents », mais s'il a généré suffisamment d'enthousiasme et d'énergie pour qu'un nouveau noyau fondateur émerge parmi les participants et crée, à son tour, un nouveau parcours...

L'équipe d'animation

Elle inclut **cinq fonctions** : aumônier ; responsable du parcours ; enseignant ; animateur de fraternité ; responsable de la logistique. Le nombre des animateurs dépend du nombre de participants. Exemples réalistes : un animateur de fraternité pour six à huit participants ; un responsable logistique pour vingt participants.

Il est bon de représenter dans l'équipe une diversité des états de vie (mariés, célibataires, consacrés) et des activités sociales (mère au foyer, salarié, entrepreneur, etc.).

L'aumônier

Il accompagne le responsable du parcours, participe s'il le souhaite aux activités du parcours, célèbre l'eucharistie commune, rencontre s'il le désire les participants. Il est le garant de l'inclusion du parcours dans la vie ecclésiale et paroissiale. Si vous vous organisez seul, n'hésitez pas à en parler à un prêtre qui pourrait vous accompagner.

Le responsable du parcours

Il est le référent indispensable pour exercer l'autorité, c'est-à-dire pour accompagner le parcours dans le souci du bien commun.

- Il exerce **l'autorité** sur l'équipe d'animation.
- Il tranche les décisions nécessaires.
- Il définit la répartition des participants en fraternités.
- Il vérifie que, au moment de l'inscription, les participants ont bien compris le contenu du parcours et ce qui est attendu d'eux.
- Il vérifie que les enseignements sont correctement donnés dans un esprit de clarté et de progrès des participants et que la convivialité et la bienveillance animent le parcours.
- Il **organise la prière** de l'équipe d'animation et désigne l'animateur de la louange et de la prière finale, le cas échéant.
- Il est le **garant** auprès des parcours Zachée du déroulement correct du parcours et propose une synthèse aux responsables de manière à rester en lien et à faire progresser l'ensemble des parcours de ce type.

Un ou des enseignants

Les enseignants doivent avoir de bonnes capacités pédagogiques de manière à faire passer des messages clairs pour un public qui ne vient pas pour un cours mais pour recueillir les éléments proposés par la doctrine sociale de l'Église sur le thème traité et pouvoir les appliquer dans leur vie quotidienne. Il s'agit là d'un service fraternel qui doit être assuré comme tel par ceux qui ont un charisme d'enseignement.

L'enseignant **doit connaître les exercices proposés** aux participants pour bien comprendre l'ensemble du parcours et la place spécifique qu'y tient son enseignement.

Un enseignement réussi a souligné les points clés et a anticipé les exercices qui approfondiront chaque point, sans y faire explicitement référence. Il a aussi préparé le participant **au désir de mettre en œuvre** ce qu'il a entendu.

Parce que le parcours Zachée propose d'expérimenter un « art de vivre chrétien », il est bon que par **son enthousiasme, son expérience et son exemplarité**, l'enseignant témoigne de cet art de vivre.

De plus, et autant qu'il est possible, il est préférable :

- que le responsable du parcours ne soit pas aussi l'enseignant ;
- ou qu'un même enseignant n'assure pas tout le parcours.

Ceci pour éviter la confusion entre le charisme d'une personne et le contenu enseigné. Si on ne peut faire autrement, on veillera à ce que ce point soit géré correctement.

Des animateurs de fraternités (autant que de groupes de partage)

Leur rôle est essentiel car ils **accompagnent** les participants, ils personnalisent les relations, et ils évitent que les participants alternent des moments d'enseignement collectifs à des moments de solitude devant les exercices ou dans leurs activités privées. Ils doivent construire une petite communauté fraternelle avec les participants qui leur sont confiés. Tous les efforts de créativité sont possibles en ce sens, dans un esprit de charité et sous l'autorité du responsable de parcours.

- Ils ont en charge entre six à huit participants.
- Ils sont responsables de l'animation des groupes de partage.
- Ils **animent la vie fraternelle** du groupe qui leur est confié en encourageant les initiatives destinées à créer des liens entre les membres.
- Ils **encouragent** individuellement les participants à poursuivre leur cheminement spirituel dans le parcours, par une implication adaptée à leur

devoir d'état mais qui doit être suffisante pour que le parcours puisse leur être bénéfique. Leur capacité de stimulation fraternelle et leur exemplarité sont déterminantes pour la réussite du parcours.

- Ils **prient** pour les participants. Une partie importante bien qu'« invisible » de leur service consiste à accompagner dans la prière les participants, **en les confiant particulièrement à l'Esprit Saint**.
- Ils **informent** le responsable du parcours de la manière dont le groupe fonctionne pour maintenir l'unité de l'ensemble des groupes et répartir entre tous les participants, les services nécessaires au bon fonctionnement du parcours.

Si vous vous organisez seul, manifestez-vous sur le site **www.parcourszachee.com**. Nous pourrions créer des « fraternités internet » !

Des responsables de la logistique

Leur fonction est décisive car ils sont en charge du bon déroulement de l'ensemble du parcours en s'assurant que les moyens matériels sont adaptés. Avec les responsables et les animateurs de fraternités, ils participent à la cohésion et à la dynamique du parcours en proposant des temps conviviaux et en les organisant.

Ils ont en charge la « publicité » du parcours, le recueil et le suivi des inscriptions, l'édition et la distribution des livrets et le secrétariat du parcours. Leur mot d'ordre est que « **tout se passe bien** » dans un esprit de bienveillance et de charité.

DEUX REMARQUES CONCERNANT L'ÉQUIPE D'ANIMATION

- **Participer à une équipe d'animation Zachée c'est aussi faire l'expérience du parcours.** Quelle que soit la fonction exercée, ce service doit être compris comme une proposition spirituelle et il doit être rempli par eux comme une opportunité personnelle et humble de se sanctifier. On prendra soin que l'équipe soit animée de cet esprit, de manière qu'elle soit elle-même un témoignage de l'art de vivre chrétien.
- **Des temps de prière** et de partage réguliers doivent être organisés entre les membres de l'équipe pour se fortifier dans cet esprit.

VI. Comment démarrer un parcours Zachée ? Le « noyau fondateur »

Peut-être envisagez-vous de lancer un parcours, ce qui est une très bonne façon de faire connaître la doctrine sociale de l'Église, mais aussi de l'approfondir en étant en service. Comment s'y prendre ?

Pour démarrer un parcours, il faut constituer un « **noyau fondateur** ». Il s'agit de personnes qui portent le désir de lancer un parcours et qui se sentent l'énergie de le faire parce qu'elles ont compris que leur propre croissance dans la foi passe par l'organisation de ce parcours afin que d'autres en profitent. Cette intuition personnelle est importante : pour qu'un « noyau fondateur » porte des fruits, ses membres doivent avoir conscience des grâces que cette mission va permettre d'obtenir **pour eux-mêmes** autant que pour les autres. La générosité de l'engagement dépend de cette confiance et de cette humilité.

Discerner

C'est pourquoi il est demandé aux personnes qui constituent un « noyau fondateur » de prendre un temps suffisant de partage, d'adoration et de prière en commun pour discerner. Il est proposé de méditer en particulier ce texte de l'évangile de Luc au chapitre 6, versets 45-49, en se laissant personnellement interpeller par cette parole :

> « L'homme bon, du bon trésor de son cœur, fait sortir du bon, et le mauvais, de son mauvais trésor, fait sortir du mauvais ; car c'est de l'abondance de son cœur que sa bouche parle. Pourquoi m'appelez-vous "Seigneur ! Seigneur !" et ne faites-vous pas ce que je dis ? Quiconque vient à moi, entend mes paroles et les met en pratique, je vais vous montrer à qui il est semblable : il est semblable à un homme qui construit une maison. Il a creusé profondément et posé

> les fondations sur le roc. Une inondation est venue, et le torrent s'est rué contre cette maison, sans être capable de l'ébranler, parce qu'elle avait été bien construite. Mais celui qui entend et ne met pas en pratique est semblable à un homme qui a construit une maison sur la terre, sans fondations. Le torrent s'est rué contre elle : aussitôt elle s'est écroulée, et la ruine de cette maison a été grande. »

La décision de constituer un noyau fondateur doit se prendre à l'issue de ce temps avec le Seigneur de manière à en comprendre toutes les implications. Y a-t-il ce désir de conversion totale de notre vie dont nous avons parlé en introduction (voir p. 9) ? Cette décision étant prise, le noyau fondateur entre en contact avec les responsables de parcours Zachée, de manière à rester en lien avec les autres parcours et à constituer ainsi, ensemble, une vraie culture de la doctrine sociale de l'Église.

Se former

Le noyau fondateur doit être constitué d'un nombre suffisant de personnes pour assurer les différentes fonctions décrites précédemment, à l'exception de l'aumônier, qui peut l'intégrer par la suite. Néanmoins, il est bon de se rapprocher assez vite d'une paroisse ou d'une communauté chrétienne pour y ancrer le parcours.

Pendant trois à quatre mois de préparation, le noyau fondateur se donne pour mission de **se former au parcours**. Pour cela, il s'engage :

- à suivre ou écouter et préparer tous les enseignements ;
- à faire tous les exercices correspondants.

Le présent ouvrage sert aussi à cet apprentissage. Cet apprentissage accéléré suppose une bonne organisation et des rencontres régulières. L'idéal est de se voir chaque semaine, un jour fixe. Chaque partie (« la boussole » et « le compas ») peut être ainsi couverte en douze semaines. Cette période d'apprentissage peut s'organiser ainsi :

Rencontre	Contenu	Objectif
Semaine 1	Rencontre et échange sur l'enseignement 1 après écoute CD, lecture documents, etc.	S'imprégner des points essentiels tels qu'ils sont soulignés Préparer ensemble l'enseignement
Semaine 2	Rencontre et échange sur la première série d'exercices	Avoir fait le maximum d'exercices et surtout avoir compris la cohérence entre les exercices et l'enseignement
Semaine 3	Rencontre et échange sur la deuxième série d'exercices.	Idem
Semaine 4	Rencontre et échange sur l'enseignement 2, etc.	

S'engager

Lorsque le noyau fondateur se sent prêt, il contacte les responsables des parcours Zachée pour valider le lancement. Cela est possible, au mieux, après avoir terminé l'apprentissage accéléré de la première partie du parcours : « la boussole ». Il est important de faire le point avec un référent extérieur avant de lancer définitivement le parcours. Cela n'empêche pas le noyau fondateur d'avoir déjà préparé le « recrutement » de futurs participants au parcours !

Il est bon que certains membres du noyau se préparent à enseigner eux-mêmes les contenus. Sinon, il faut trouver assez vite des enseignants extérieurs. La solution idéale est, néanmoins, que les promoteurs d'un parcours prennent en charge l'enseignement en se répartissant les séances, bien entendu, selon les charismes d'enseignant de chacun. Comme il a été dit à la section V, enseigner est un exercice de charité fraternelle qui exige un engagement, mais aussi de la lucidité sur ses talents. Cette évaluation est laissée au discernement du groupe.

La prière en commun et la vie fraternelle sont indispensables pour que le noyau fondateur soit fécond. Elles permettent la vie dans l'Esprit, de manière à devenir instruments d'une œuvre d'évangélisation qui dépasse nos intentions et nos forces. Cette vie dans l'Esprit est le fruit espéré du parcours, comme il a été dit. Elle doit être suffisamment claire chez les initiateurs du parcours pour que d'autres « noyaux fondateurs » se constituent, à l'issue du parcours et poursuivent, ainsi, ce **service d'évangélisation de la vie quotidienne**.

VII. Et si vous ne pouvez pas démarrer un parcours ?

Les parcours Zachée ont été conçus pour être faits en groupe. En effet, c'est ensemble que l'on progresse et un chrétien seul est un chrétien en danger !

Pourtant, parfois il ne semble pas y avoir d'autres moyens que d'initier le parcours seul. Ne vous en privez pas, mais la première question à se poser est de savoir si cela est exact. N'y a-t-il pas au moins **une autre** personne avec laquelle vous pourriez travailler ce parcours : un parent, un ami, un voisin ? Faire ensemble le parcours est un merveilleux moyen de « faire Église », même lorsqu'on est, en apparence, isolé. C'est aussi un moyen de rompre son isolement en proposant à d'autres de faire le parcours. Donc, même si, dans votre environnement, il n'est pas possible de lancer un parcours, essayez de trouver une ou quelques personnes pour vous accompagner dans cette démarche : « Là où deux ou trois sont réunis en mon nom, je suis présent au milieu d'eux » (Matthieu 18, 20). Qui sait, ce sera peut-être le début d'un « noyau fondateur » !

Que finalement vous soyez seul ou en petits groupes, il faut bien vous imprégner de l'esprit du parcours, tel qu'il est décrit dans cette introduction. Cela vous aidera à vous sentir en communion avec les autres, mais aussi à ne pas faire d'erreurs.

En particulier, soyez attentif aux points suivants :

- Fixez-vous un calendrier de travail, comme si vous suiviez un parcours. Soyez-lui fidèle.
- N'écoutez pas tous les enseignements en une fois. Suivez la progression, thème après thème. Après chaque enseignement, faites les exercices, un par jour au maximum.
- Soyez régulier. Il est inutile de faire tous les exercices en une fois. Vous vivrez d'autant mieux les propositions de la doctrine sociale de l'Église que vous aurez médité et savouré lentement ses principes en les confron-

tant avec votre expérience. Cela prend du temps. Ne soyez pas impatient. Mais faites-le avec régularité. C'est essentiel pour se transformer.

- En remplacement des groupes de partage, échangez avec la ou les personnes qui font, comme vous, le parcours. Trouvez un moyen de parler avec quelqu'un de ce que vous apprenez, de ce que vous vivez.

Quoi qu'il en soit, vous n'êtes pas seul. L'équipe du parcours Zachée sera heureuse de vous aider. N'hésitez pas à recourir au site : **www.parcourszachee.com**.

Et priez pour les autres parcours, c'est le premier moyen d'être en communion !

COMMENT TRAVAILLER

Écouter le CD

Le CD associé à ce livre propose les quatre premiers enseignements du parcours Zachée. Ils ont été enregistrés à partir des enseignements dispensés par Pierre-Yves Gomez, initiateur du parcours Zachée, durant les sessions de Paray-le-Monial de 2007 et 2008.

Enseignement 1 : Acteurs de la création (79'46)
Enseignement 2 : Servir le bien commun (68'53)
Enseignement 3 : Un usage juste de la propriété (97'59)
Enseignement 4 : Une option préférentielle pour les pauvres (37'23)
Enseignement 5 : La boussole (13'05)

EN BONUS : un enseignement de Pierre-Yves Gomez donné lors de la session des familles de juillet 2008 : « Si je n'ai pas la charité » (64'24). Il peut s'écouter aussi à l'issue de l'enseignement 4.

Il est souvent nécessaire d'écouter plusieurs fois tout ou partie de l'enseignement. Pensez-y avant de programmer vos exercices, mais vous pouvez aussi le réécouter pendant la période consacrée aux exercices.

Faire les exercices

Après chaque enseignement, reportez-vous à la série d'exercices qui lui correspond : première série avant l'échange en groupe de partage, puis deuxième série. Si vous travaillez seul, organisez-vous de manière à faire un point entre les deux séries d'exercices. Pour chaque exercice, vous trouverez des propositions de travail.

Le matin. – Nous consacrons **10 minutes** au thème proposé. On peut réfléchir à la façon dont on va s'organiser pour y penser durant la journée. Pour s'aider, on peut aussi lire quelques pages du *Compendium de la doctrine sociale de l'Église* ou du *Catéchisme de l'Église catholique* (elles sont données en référence). Mais l'essentiel est de bien comprendre le sujet de réflexion proposé et de **se préparer à utiliser sa journée pour progresser**. Ce temps de préparation est essentiel. Chaque jour, un petit exercice très simple est proposé. Il faut le faire… Il faut se dire : « Aujourd'hui, je vais être attentif à tel point grâce au petit exercice. » C'est pourquoi les exercices commencent souvent par : « Aujourd'hui je vais… » Vous pouvez trouver un moyen personnel pour rester attentif : un Post-it, un rappel en cours de journée, etc. À vous d'être créatif. Ce qui importe, c'est que vous puissiez faire de votre activité quotidienne un lieu d'apprentissage. Entrez donc dans cette démarche du « petit exercice quotidien » permettant d'être attentif. Vous verrez que c'est grâce à cela, ces « petits pas », que vous allez éclairer de manière nouvelle votre façon d'être dans le monde.

Chaque matin, nous prenons du temps pour prier : un axe de prière est **proposé, ainsi qu'un extrait de la Parole de Dieu qui nous accompagnera toute la journée**. Il est important de se laisser ainsi guider par la Parole de Dieu et non pas seulement par nos réflexions. N'hésitons donc pas à revenir souvent sur la « parole du jour ». Avec le « petit exercice », elle nous permet de rester éveillés, d'avoir une lampe sur la route.

Enfin, nous prendrons un petit temps pour louer Dieu. On peut le faire en chantant ou dans son cœur. L'essentiel est que l'on offre ce que l'on va vivre, qu'on s'en réjouisse par avance, et que l'on remette tout, dès le début de la journée, dans la joie du Seigneur qui veut nous faire grandir ! Là encore, prenez ce temps de louange, il est nécessaire.

Le soir. – Nous consacrons au moins **15 minutes** à un examen de conscience en faisant un deuxième exercice proposé, en priant et méditant. Nous avons besoin de prendre ce temps pour nous, et là aussi, cela deviendra une habitude. Comment le vécu de la journée écoulée permet-il d'éclairer le thème du jour ? Il est important de prendre des notes, et le livre est fait pour cela : vous pourrez remplir des tableaux, des schémas à compléter, etc. Mais toujours, soyons honnêtes et précis dans nos exercices, faisons vraiment le point et observons concrètement (et tranquillement) comment nous progressons.

On termine en lisant une page de l'Écriture qui est proposée et dont est extraite la parole qui nous a accompagnés tout au long du jour… et en la savourant !

Ce livre est aussi votre carnet de route. En regard des propositions d'exercices, vous trouverez des tableaux à remplir. N'hésitez pas à écrire sur le livre et à y porter vos notes personnelles : il est aussi fait pour cela !

Un autre instrument vous est absolument indispensable : c'est un **agenda**. Si vous ne vous organisez pas, il est impossible de faire le parcours. Savoir noter dans votre emploi du temps (chargé) les jours et heures que vous allez consacrer au parcours n'est pas seulement nécessaire. C'est indispensable pour vivre la spiritualité du parcours : prendre le temps, c'est aussi ne pas être soumis au rythme imposé par le monde, c'est reprendre la main pour devenir véritablement un acteur libre de la création. On vous le rappellera avec le petit sigle :

RÉFLEXE AGENDA !

THÈME 1
ACTEURS DE LA CRÉATION

Plan de l'enseignement
(durée sur le CD : 79'46)

I. La création n'est pas achevée : elle nous est confiée.

1. La dignité de l'homme dans la création

« Qu'est donc l'homme pour que tu penses à lui, l'être humain pour que tu t'en soucies ? Tu en as presque fait un dieu : tu le couronnes de gloire et d'éclat ! » *(Ps 8, 5-6)*.

2. Être à l'image de Dieu

« Celui qui avait reçu les cinq talents s'avança et en présenta cinq autres, en disant : "Maître, tu m'avais confié cinq talents ; voici cinq autres talents que j'ai gagnés." ,» *(Mt 25, 20)*.

II. Le travail comme apostolat

1. Les trois dimensions du travail

S (travail subjectif)	**O** (travail objectif)	**C** (travail collectif)
Ce qui me fait ressentir ma dignité d'homme	L'utilité de mon travail pour les autres	Mon travail avec les autres

III. La dimension spirituelle du repos

« Dieu bénit le septième jour et le consacra car il avait alors arrêté toute l'œuvre que lui-même avait créée par son action » *(Gn 2, 3)*.

IV. Quelques pathologies

1. Le refus de Dieu : le déni de nos compétences

La parabole des talents :

« S'avançant à son tour, celui qui avait reçu un seul talent dit : "Maître, je savais que tu es un homme dur : tu moissonnes où tu n'as pas semé, tu ramasses où tu n'as pas répandu ; par peur, je suis allé cacher ton talent dans la terre : le voici, tu as ton bien" » *(Mt 25, 24-25)*.

2. L'idolâtrie : l'activisme

Une surestimation du travail objectif qui masque l'orgueil

3. Le manque de charité

Malheur aux faibles !

V. Le remède : mettre Jésus au cœur de notre travail

Commentaire de Lc 5, 1-11.

VI. Pour aller plus loin : références

Catéchisme de l'Église catholique, n° 2427.
Compendium de la doctrine sociale de l'Église, Ire partie, chap. III ; IIe partie, chap. VI.
Jean-Paul II, encyclique *Laborem exercens*, titre II, nos 4-6.

VOUS POUVEZ ICI PRENDRE DES NOTES EN ÉCOUTANT L'ENSEIGNEMENT AUDIO.

PREMIÈRE SÉRIE D'EXERCICES

Pour les deux semaines qui viennent, vous êtes invités à faire 9 exercices.

EXERCICE 1. – **EN MARCHE DANS LA CRÉATION !**

EXERCICE 2. – **IL ME FAIT CONFIANCE**

EXERCICE 3. – **COURAGE, MES AMIS !**

EXERCICE 4. – **L'ŒUVRE QU'IL AVAIT ARRÊTÉE**

EXERCICE 5. – **JOUR DE PAIX**

EXERCICE 6. – **LE CULTE DE LA PERFORMANCE**

EXERCICE 7. – **AUX CAPTIFS LA LIBÉRATION !**

EXERCICE 8. – **MON UNITÉ DE VIE**

EXERCICE 9. – **RÉCAPITULONS**

Il faut dès à présent noter sur votre agenda les 9 dates réservées pour faire les exercices.

RÉFLEXE AGENDA !

EXERCICE 1. – EN MARCHE DANS LA CRÉATION !

EN DÉBUT DE JOURNÉE (10 minutes). – Aujourd'hui, je vais dépenser de l'énergie, utiliser des compétences et exercer des responsabilités. Je prends quelques minutes pour réfléchir à cela : **mon activité témoignera que je suis capable de participer à la création, parce que je suis voulu à l'image de Dieu créateur**.

Parole du jour

> « Qu'est donc l'homme pour que tu penses à lui, l'être humain pour que tu t'en soucies ? Tu en as presque fait un dieu : tu le **couronnes** de gloire et d'éclat ! »

Exercice du jour. – À trois reprises, je vais m'arrêter quelques secondes dans la journée pour prendre conscience de ce cadeau de Dieu : il fait de moi un acteur de sa création. Je choisis d'avance ces moments où je ferai le point.

Je prie l'Esprit Saint pour qu'il ouvre mes yeux et me rende attentif et joyeux durant cette journée.

EXAMEN DU SOIR (15 minutes). – Aujourd'hui, j'ai été **actif**. Ai-je pris la peine de m'arrêter pour ressentir tout ce que cela signifie ? Je fais la liste de **ce qui m'a permis de me sentir pleinement humain** dans mes activités : 1) des compétences que j'ai mises en œuvre ; 2) des responsabilités que j'ai exercées ; 3) des décisions que j'ai eu à prendre. Toutes ces activités me réalisent en tant qu'être humain. Il est bon de prendre conscience du fait que le travail d'aujourd'hui, même le plus humble et le plus minuscule, a fait de moi un être **appelé à participer à l'œuvre** de création qui se déploie.

Au coucher... Je prends un peu de temps pour remercier le Seigneur de m'avoir fait confiance aujourd'hui, comme un humble ouvrier de sa création. Je termine en lisant le Psaume 8.

MES NOTES DE CE JOUR

Quelques compétences mises en œuvre aujourd'hui	
Quelques responsabilités que j'ai prises aujourd'hui	
Quelques petites décisions qui m'ont fait participer à la création	

EXERCICE 2. – IL ME FAIT CONFIANCE

EN DÉBUT DE JOURNÉE (10 minutes). – Aujourd'hui, je vais apprendre à observer **que mon activité crée de la valeur**. Mon travail a une utilité concrète : sans lui, bien des choses ne se feraient pas. Créer, ce n'est pas toujours accomplir de grandes missions spectaculaires : c'est aussi assurer les petits actes quotidiens nécessaires à la vie de tous.

Parole du jour

> « Celui qui avait reçu les cinq talents s'avança et en présenta cinq autres, en disant : "Maître, tu m'avais confié cinq talents ; voici cinq autres talents que j'ai gagnés." »

Exercice du jour. – Je vais prendre conscience du nombre de fois où l'on me dit « merci » durant cette journée. À chaque fois, je penserai à la « parole du jour ».

Je prie l'Esprit Saint pour qu'il ouvre mes yeux et me rende attentif à mon énergie et à mes compétences.

EXAMEN DU SOIR (15 minutes). – Je médite pour prendre conscience de la **valeur** que mes actions de la journée ont créée pour les autres : 1) pour mon entourage ; 2) pour une entreprise, une organisation et/ou 3) pour la société. Par mes petits actes de ce jour, j'ai été utile. Est-ce que j'en suis heureux ? Est-ce que je prends le temps de goûter cette joie ?

Au coucher... Je loue le Seigneur pour au moins un talent qu'il m'a donné. Je termine en lisant Matthieu 25, 14-30.

MES NOTES DE CE JOUR

Une chose qui n'aurait pas pu se faire sans ma participation aujourd'hui	
J'ai crée de la valeur pour mon entourage, ma famille. Un exemple	
J'ai créé de la valeur pour mon entreprise, mon organisation. Un exemple	
J'ai créé de la valeur pour la société. Un exemple	

EXERCICE 3. – COURAGE, MES AMIS !

EN DÉBUT DE JOURNÉE (10 minutes). – Aujourd'hui, je vais apprendre à observer mon travail **avec les autres**. Dans mes activités, je suis en contact, en réseau, en relation. Et c'est par ces contacts et ces relations que j'accomplis mon travail dans la création. Est-ce que je suis conscient de cette dépendance à l'égard du travail des autres

Parole du jour

> « Courage donc, mes amis ! Je fais confiance à Dieu : il en sera comme il m'a dit ! »

Exercice du jour. – Je choisis une personne que je vais garder dans le cœur toute cette journée, en prenant le temps de réaliser qu'elle aussi est appelée à être un acteur de la création.

Je prie le Seigneur pour quelques personnes avec lesquelles ou pour lesquelles je vais travailler aujourd'hui. Elles n'ont peut-être **que moi,** aujourd'hui, pour les confier au Seigneur.

EXAMEN DU SOIR (15 minutes). – Je fais un petit récapitulatif des personnes avec lesquelles je travaille : 1) celles avec lesquelles je travaille directement, et sans lesquelles je ne pourrais pas exercer mon activité, 2) celles avec lesquelles je ne travaille pas directement, mais qui contribuent à mon activité. Est-ce que j'ai conscience de dépendre d'elles ? et que cela peut être bon aussi pour moi ?

Au coucher... Je termine en lisant tout le chapitre 27 des Actes des Apôtres. (Imaginez que dans cette aventure Paul réponde aux questions précédentes.)

MES NOTES DE CE JOUR

	Quelques noms	Est-ce que je les connais?		
		Bien	Moyen-nement	Peu
Les personnes avec lesquelles je suis obligé de collaborer pour exercer mon activité				
Les personnes avec lesquelles je travaille rarement ou jamais directement, mais qui sont indispensables à mon activité				

Avec quels types de personnes est-ce que j'aime travailler ou avoir des activités utiles ? Pourquoi ? Que font-elles grandir en moi ?

EXERCICE 4. – L'ŒUVRE QU'IL AVAIT ARRÊTÉE

EN DÉBUT DE JOURNÉE (10 minutes). – Aujourd'hui, je vais apprendre à observer la façon dont je prends du repos. Nous l'avons compris, ce n'est pas un détail. Le repos m'a été donné par le Seigneur et pour le Seigneur. Sans le repos, je ne suis qu'un rouage de la création, pas l'acteur libre que le Seigneur veut que je sois.

Parole du jour

> « Dieu bénit le septième jour et le consacra car il avait alors **arrêté toute l'œuvre** que lui-même avait créée par son action. »

Exercice du jour. – À plusieurs reprises, dans la journée, j'arrête volontairement mon activité pour ne rien faire pendant un instant. À chaque fois, je relis la parole du jour, pour prendre conscience de ma liberté.

Je loue le Seigneur pour la grâce du repos, et spécialement du repos **dominical**, qui me rend libre.

EXAMEN DU SOIR (15 minutes). – Je prends un moment pour décrire comment je vis le repos. 1) Le repos du soir : est-ce que je sais m'arrêter de travailler à heure fixe ? 2) Le repos hebdomadaire : est-ce que je fais une rupture complète ? 3) Les vacances annuelles : est-ce pour moi une fuite, ou un moment parmi d'autres de mon année ? Au total, ai-je tendance à opposer le repos à l'activité, ou l'un et l'autre se complètent-ils harmonieusement ?
Questions subsidiaires : si je suis mère de famille au foyer, est-ce que je me préoccupe de mon repos ? Et si je suis père de famille, est-ce que je me préoccupe du repos de mon épouse ?

Au coucher... Je rends grâce au Seigneur pour le repos qu'il m'accorde maintenant. Je termine en lisant Genèse, chapitre 1, verset 1 à chapitre 2, verset 3.

MES NOTES DE CE JOUR

Se reposer le soir : est-ce que je sais m'arrêter de travailler à une heure **fixée par moi**, ou est-ce que je me laisse aller à vouloir toujours en faire « un peu plus » ?	
Se reposer en fin de semaine: ai-je conscience d'être à ce moment pleinement « à l'image de Dieu » ?	
Les vacances : sont-elles pour moi une bouée de sauvetage ou un temps normal de mon activité créatrice ?	

EXERCICE 5. – JOUR DE PAIX

EN DÉBUT DE JOURNÉE (10 minutes). – Aujourd'hui, je vais observer la part d'**affectif** que je mets dans mes relations de travail ou durant mes activités, le temps que je passe à gérer des relations avec les autres, des conflits, des jalousies, etc. Je vais discerner si je suis ou non facilement troublé par ces relations.

Parole du jour

« Qu'il n'y ait pas de querelle entre moi et toi, mes bergers et les tiens : nous sommes frères. »

Exercice du jour. – Je déclare ce jour « jour de paix » : je décide de ne me laisser contrarier par personne, durant toute la journée, quelles que soient les situations que j'aurai à gérer. Si je suis tenté, je relis la « parole du jour ».

Je loue le Seigneur pour la liberté qu'il me donne de pouvoir me regarder en vérité.

EXAMEN DU SOIR (15 minutes). – Comment ai-je vécu ce « jour de paix » ? On appellera dorénavant « jour de pais » ces jours où on décide volontairement de poser un petit acte de pacification dans le monde. Je prends du temps pour apprécier les **problèmes relationnels** qui me contrarient en général dans mon activité. Qu'est-ce qui est nécessaire et qu'est-ce qui est excessif ? Je fais la liste des cinq personnes dont le regard compte pour moi, parce qu'elles peuvent me faire progresser. Ces personnes sont-elles liées à mon travail ?

Au coucher... Je termine en lisant Genèse 13, 1-18. Le texte commence et finit par une louange, un appel à voir au-delà de nos querelles mesquines... Louons donc !

MES NOTES DE CE JOUR

Cinq personnes dont le regard est le plus important pour moi	Est-elle liée à mon travail ?

Mon travail est-il le lieu principal où je me valorise ?

EXERCICE 6. – LE CULTE DE LA PERFORMANCE

EN DÉBUT DE JOURNÉE (10 minutes). – Aujourd'hui, je vais observer ce qui me donne l'impression d'être efficace et performant. La recherche de la performance est nécessaire, mais elle peut aussi conduire au mépris des « moins performants », et aussi à l'angoisse de devenir moi-même moins performant.

Parole du jour

> « Le soir venu, le maître de la vigne dit à son intendant : "Appelle les ouvriers, et **remets à chacun son salaire**, en commençant par les derniers pour finir par les premiers." »

Exercice du jour. – Je choisis de garder dans mon cœur, durant toute la journée, une personne que je considère comme particulièrement peu performante dans son activité.

Je loue l'Esprit Saint pour le don de la justice. Je lui demande de me donner un regard juste sur mes frères et sur moi.

EXAMEN DU SOIR (15 minutes). – Que veut dire pour moi être performant : 1) J'ai accompli la tâche que je m'étais fixée ? 2) J'ai atteint les objectifs que d'autres m'avaient fixés ? ou 3) J'ai réussi dans mon activité mieux que les autres ?
Qu'est-ce qui est le plus juste, le plus « à l'image de Dieu » ? Quand ai-je tendance à idolâtrer mon activité, c'est-à-dire à en oublier le sens ou à oublier les autres, pour me satisfaire du plaisir d'agir pour agir ?

Au coucher... Je termine en relisant Matthieu 20, 1-16. Aux yeux de Dieu, ma « performance » est relative... Je peux me demander ce qui m'irrite lorsque des personnes que je ne juge pas performantes reçoivent une rétribution, malgré tout. Est-ce que je n'oublie pas alors les personnes, en ne voyant plus que « les fonctions » ?

MES NOTES DE CE JOUR

	Souvent	Parfois	Rarement	En quoi suis-je alors à l'image de Dieu ?
Je me sens performant quand j'ai réalisé la tâche que **je** m'étais fixée				
Je me sens performant quand j'ai atteint les objectifs que **d'autre**s m'avaient fixés				
Je me sens performant quand j'ai réussi mon activité **mieux** que les autres				

EXERCICE 7. – AUX CAPTIFS LA LIBÉRATION !

EN DÉBUT DE JOURNÉE (10 minutes). – Aujourd'hui, je vais observer ce qui me décourage, parfois, dans mon travail, ce qui me donne l'impression de n'être pas complètement utile, ou de ne pas être à ma place. Je vais chercher à comprendre pour quelles raisons je ressens parfois cela.

Parole du jour

> « Le SEIGNEUR dit : "J'ai vu la misère de mon peuple [...] Oui, je connais ses souffrances." »

Exercice du jour. – Je vais prendre conscience du nombre de fois où les personnes de mon entourage (moi compris !) se plaignent. À chaque plainte entendue (ou formulée !), je ferai mentalement un petit signe de croix...

Je loue le Seigneur, parce qu'il est venu « libérer les captifs » !

EXAMEN DU SOIR (15 minutes). – J'examine quand mon activité me pèse, pourquoi je me plains. Est-ce parce que : 1) ce que je fais ne m'intéresse pas ? 2) j'ai l'impression de ne pas exploiter toutes mes compétences ? 3) je travaille avec des personnes que je n'aime pas ? 4) pour d'autres raisons ?... (Par exemple, se plaindre est une façon d'entrer en relation avec les autre !...) À chaque fois, je me pose la question en vérité : pourquoi est-ce que je ne change pas cela ? Est-ce qu'il n'y a pas d'autres façons de procéder ?

Au coucher... Je termine en lisant Exode 3, 7-12. (Observez en particulier comment la servitude des esclaves de Pharaon se transforme en service de Dieu.)

MES NOTES DE CE JOUR

	Souvent	Parfois	Jamais
Je ne me sens pas heureux dans une activité quand ce que je fais ne m'intéresse pas.			
Je ne me sens pas heureux dans une activité quand j'ai l'impression de ne pas exploiter toutes mes compétences.			
Je ne me sens pas heureux dans une activité quand je travaille avec de personnes que je n'aime pas.			
Je ne me sens pas heureux dans une activité quand			

Et parfois, **je me plains pour enter en relation avec les autres**, être comme tout le monde…
Et si le monde attendait des personnes qui se parlent autrement ?

EXERCICE 8. – MON UNITÉ DE VIE

EN DÉBUT DE JOURNÉE (10 minutes). – Aujourd'hui, je vais observer la place de mon travail et de mes activités dans mon existence. Mon activité n'est qu'une des dimensions de ma vie. Dieu m'a fait pour aimer, pour être créateur avec lui de multiples façons et je ne dois pas devenir esclave d'une seule activité. Ma vie est un **ensemble d'activités** qui me permettent d'exploiter mes talents.

Parole du jour

« Seigneur, consolide l'ouvrage de nos mains ! »

Exercice du jour. – À plusieurs reprises, dans la journée, j'arrête volontairement mon activité pour penser à la **beauté de la création** et j'imagine un paysage que j'aime, par exemple, **et en ce moment.**

Je loue le Seigneur parce qu'il est l'unique Créateur d'où tout vient et vers qui tout retourne.

EXAMEN DU SOIR (15 minutes). – Un danger nous guette toujours : l'activisme, la fuite dans une activité au détriment des autres et, finalement, la perte d'équilibre. Pour vérifier si j'y succombe, je fais un état des lieux de mes activités durant une semaine, puis la liste de mes cinq compétences principales. Est-ce que je les utilise dans mon travail et uniquement dans mon travail ? Si je croise les deux tableaux, je peux me demander si je mets mes talents au service de la création ?

Au coucher... Je termine en lisant le Psaume 89. Je ne suis pas le Créateur, je ne suis qu'un des ouvriers de la création : c'est très différent !

MES NOTES DE CE JOUR

Dans une semaine, combien de temps est-ce que je consacre :	Temps consacré (vous pouvez faire les pourcentages approximatifs)
Au travail ?	
Au repos ?	
À mon couple, à ma famille ?	
À mes amis ?	
À la prière, à la vie spirituelle ?	
À ma paroisse, à ma communauté, à des associations, etc. ?	
À me détendre passivement (regarder la télévision) ?	
À me détendre activement (faire du sport, de la musique…) ?	
Autres	

Mes cinq compétences principales	Est-ce que je les exerce dans mon travail ?	Est-ce que je les exerce dans une autre activité ?

EXERCICE 9. – RÉCAPITULONS

EN DÉBUT DE JOURNÉE (10 minutes). – Aujourd'hui est un jour de récapitulation. Je prépare l'échange en groupe de partage sur ces quinze premiers jours. Je fais le point en reprenant toutes mes notes. Je peux y penser durant la journée, et ce soir je mettrai tout cela au clair. Qu'ai-je appris durant ces jours ?

Parole du jour

> « Dieu dit : "Ma parole, du moment qu'elle sort de ma bouche, elle ne retourne pas vers moi sans résultat." »

Prière. – Seigneur, tu as vraiment confiance en moi, et c'est quelque chose d'inouï dont je n'ai pas toujours conscience. Tu m'as donné des talents. Tu sais que je suis faible et pauvre, et pourtant tu me confies le devenir de ta création, avec mes frères humains. Merci.

Je prends des notes pour pouvoir témoigner en groupe de partage à partir des exercices :

1) sur ce que j'ai appris ;

2) sur ce qui était important ;

3) sur ce qui était difficile.

Je remercie le Seigneur d'être venu chez moi.

Je termine en relisant Isaïe 55, 10-11.

MES NOTES POUR CETTE PREMIÈRE SÉRIE D'EXERCICES

DEUXIÈME SÉRIE D'EXERCICES

Pour les deux semaines qui viennent, vous êtes invités à faire 7 exercices. Ces exercices sont un peu différents des précédents. Ils permettent de vous organiser comme vous le voulez. Vous retrouverez toujours, dans la deuxième série, cinq types d'exercices : les deux premiers vous permettent de revenir sur des exercices de la première série que vous voulez approfondir. Le troisième propose d'observer notre environnement à partir de la doctrine sociale de l'Église, le quatrième permet de lire un texte du magistère sur le thème, le cinquième suggère une heure d'adoration du Saint-Sacrement pour méditer et prier à partir du thème que nous travaillons, le sixième propose de méditer un texte des Écritures pour voir comment il aborde notre thème et le septième permet de faire le point. Des exercices variés, donc, pour aller au fond des choses. Tout est expliqué à chaque étape, laissez vous guider !

EXERCICES 1 et 2. – **REVENIR SUR DES EXERCICES DE LA PREMIÈRE SÉRIE**

EXERCICE 3. – **OBSERVER NOTRE ENVIRONNEMENT**

EXERCICE 4. – **CONNAITRE LE MAGISTÈRE**

EXERCICE 5. – **UNE HEURE D'ADORATION**

EXERCICE 6. – **UNE HEURE DE MÉDITATION DE LA PAROLE DE DIEU**

EXERCICE 7. – **RÉCAPITULONS**

Pour préparer les deux semaines de travail qui viennent, parcourez rapidement les exercices de la deuxième série. Vous avez le choix de les réaliser selon l'ordre que vous préférez. Ne vous en privez pas. Mais n'oubliez pas : il faut, dès à présent, noter sur votre agenda, les 7 dates réservées pour faire les exercices.

RÉFLEXE AGENDA !

EXERCICES 1 ET 2. – REVENIR SUR DEUX EXERCICES DE LA PREMIÈRE SÉRIE

Il y a sûrement des points abordés dans la première série que vous n'avez pas assez approfondis ou que vous aimeriez revoir. On vous propose de choisir de refaire **deux exercices**, en notant bien le point particulier que vous aimeriez travailler. Vous pouvez choisir ces exercices seul ou, mieux, à l'issue de la discussion avec votre groupe de partage.

Point que j'aimerais approfondir	Exercice de la première série à refaire

N'oubliez pas de fixer des jours pour les faire, sans quoi cela ne se fera jamais !

RÉFLEXE AGENDA !

EXERCICE 3. – OBSERVER NOTRE ENVIRONNEMENT

Je consacre un jour pour approfondir mon regard sur le monde, sur la façon dont notre société voit le travail, la création, la dignité de l'homme au travail et comment l'actualité et les médias en témoignent. C'est important pour apprendre à ne pas être dupe, et aussi pour avoir une écoute chrétienne du discours ambiant. L'exercice suivant suit le même principe que ceux de la première série.

EN DÉBUT DE JOURNÉE (10 minutes). – Aujourd'hui, je vais observer comment on parle du travail et du repos dans les médias. Comment l'œuvre de création est-elle annoncée ? Comment parle-t-on de l'homme au travail aujourd'hui ? Qu'est-ce qui est juste dans ce regard, et qu'est-ce qui est erroné ?

Parole du jour

> « Car Dieu n'a pas envoyé son Fils dans le monde pour juger le monde, mais pour que le monde soit sauvé par lui » *(Jn 3, 17)*.

Exercice du jour. – J'écoute la radio, je lis un journal – et je note comment le monde voit le travail, leur travail, mon travail. Cela peut être négatif ou positif.

Je prie l'Esprit Saint afin qu'il ouvre mes yeux et me donne un esprit de justice, de confiance dans la Parole de Dieu, de compassion aussi pour le monde qui m'entoure.

EXAMEN DU SOIR (15 minutes). – Je note ce qui m'a frappé dans la manière dont mon environnement parle du travail. Met-elle plutôt en avant le travail subjectif, objectif ou collectif ? L'œuvre de création est-elle manifestée ? Je peux relever comment l'actualité fait un lien entre la **culpabilité** de l'homme et la **création** : il ne travaille pas assez, il détruit la nature, etc. Ou bien, au contraire, il est exploité, il ne gagne pas assez, etc. Que peuvent annoncer les chrétiens en ce sens ? Je note mes impressions, mais aussi mes idées.

Au coucher... Je termine par une prière de confiance et de bénédiction sur le monde. Par exemple : « Je te confie, Seigneur, le monde (ou tel média, ou telle personne...), comme il est, avec ses difficultés et ses chances. Seigneur, ouvre mes lèvres quand je dois témoigner de la dignité de l'homme, de la beauté de la création et de la confiance que tu as envers chaque homme et chaque femme. Que ma propre façon de vivre mon activité soit un témoignage de cette confiance. Garde-moi autant de l'orgueil que de la désespérance envers mes frères. »

MES NOTES DE CE JOUR

EXERCICE 4. – CONNAÎTRE LE MAGISTÈRE

Un texte de référence de Jean-Paul II, l'encyclique *Laborem exercens* (1981). Je lis ce texte, je souligne ce qui correspond à ce que j'ai appris par l'enseignement et les exercices. Je goûte la cohérence de la réflexion de l'Église sur la société et l'intelligence particulière de ce texte.

Jean Paul II, encyclique *Laborem exercens*, 1981
Titre II, n°s 4-6 (extraits, les notes sont omises)

II. LE TRAVAIL ET L'HOMME

4. Au Livre de la Genèse

L'Église est convaincue que le travail constitue une dimension fondamentale de l'existence de l'homme sur la terre. Elle est confirmée dans cette conviction par la prise en compte de l'ensemble du patrimoine des multiples sciences consacrées à l'homme : l'anthropologie, la paléontologie, l'histoire, la sociologie, la psychologie, etc. ; toutes semblent témoigner de cette réalité de façon irréfutable. Toutefois, l'Église tire cette conviction avant tout de la source qu'est la parole de Dieu révélée, et c'est pourquoi ce qui est *une conviction de l'intelligence* acquiert aussi le caractère d'une *conviction de foi*. La raison en est que l'Église – il vaut la peine de le noter dès maintenant – croit en l'homme : *elle pense à l'homme* et s'adresse à lui, *non seulement* à la lumière de l'expérience historique ou avec l'aide des multiples méthodes de la connaissance scientifique, mais encore et surtout à la lumière de la parole révélée du Dieu vivant. Se référant à l'homme, elle cherche à *exprimer* les *desseins* éternels et les *destins* transcendants que le Dieu vivant, Créateur et Rédempteur, a liés à l'homme. L'Église trouve *dès les premières pages du Livre de la Genèse* la source de sa conviction que le travail constitue une dimension fondamentale de l'existence humaine sur la terre.

L'analyse de ces textes nous rend conscients de ce que en eux – parfois sous un mode archaïque de manifester la pensée – ont été exprimées les vérités fondamentales sur l'homme, et cela déjà dans le contexte du mystère de la création. Ces vérités sont celles qui décident de l'homme depuis le commencement et qui, en même temps, tracent les grandes lignes de son existence terrestre, aussi bien dans l'état de justice originelle qu'après la rupture, déterminée par le péché, de l'alliance originelle du Créateur avec la création dans l'homme. Lorsque celui-ci, fait « à l'image de Dieu..., homme et femme », entend ces mots : « Soyez féconds, *multipliez-vous, emplissez la terre et soumettez-la* », même si ces paroles ne se réfèrent pas directement et explicitement au travail, elles y font sans aucun doute allusion indirectement, comme une activité à exercer dans le monde. Bien plus, elles en démontrent l'essence la plus profonde. L'homme est l'image de Dieu notamment par le mandat qu'il a reçu de son Créateur de soumettre, de dominer la terre. En accomplissant ce mandat, l'homme, tout être humain, reflète l'action même du Créateur de l'univers.

Le travail, entendu comme une activité « transitive » – c'est-à-dire que, prenant sa source dans le sujet humain, il est tourné vers un objet externe –, suppose une domination spécifique de l'homme sur la « terre », et à son tour il confirme et développe cette domination. Il est clair que sous le nom de « terre » dont parle le texte biblique, il faut entendre avant tout la portion de l'univers visible dans laquelle l'homme habite ; mais par extension on peut l'entendre de tout le monde visible en tant que se trouvant à la portée de l'influence de l'homme, notamment lorsque ce dernier cherche à répondre à ses propres besoins. L'expression « dominez la terre » a une portée immense. Elle indique toutes les ressources que la terre (et indirectement le monde visible) cache en soi et qui, par l'activité consciente de l'homme, peuvent être découvertes et utilisées à sa convenance. Ainsi ces mots, placés au début de la Bible, *ne cessent jamais d'être actuels*. Ils s'appliquent aussi bien à toutes les époques passées de la civilisation et de l'économie qu'à toute la réalité contemporaine et aux phases futures du développement qui se dessinent déjà peut-être dans une certaine mesure, mais qui pour une grande part restent encore pour l'homme quasiment inconnues et cachées.

Si parfois on parle de périodes « d'accélération » dans la vie économique et dans la civilisation de l'humanité ou des diverses nations, en rapprochant ces « accélérations » des progrès de la science et de la technique et spécialement des découvertes décisives pour la vie socio-économique, on peut dire en même temps qu'aucune de ces « accélérations » ne dépasse le contenu essentiel de ce qui a été dit dans ce très antique texte biblique. En devenant toujours plus maître de la terre grâce à son travail et en affermissant, par le travail également, sa domination sur le monde visible, l'homme reste, dans chaque cas et à chaque phase de ce processus, dans la ligne du plan originel du Créateur ; et ce plan est nécessairement et indissolublement lié au fait que l'être humain a été créé, en qualité d'homme et de femme, « à l'image de Dieu ». Ce *processus* est également *universel :* il concerne tous les hommes, chaque génération, chaque phase du développement économique et culturel, et *en même temps* c'est un processus qui se réalise en *chaque homme,* en chaque être humain conscient. Tous et chacun sont en même temps concernés par lui. Tous et chacun, dans une mesure appropriée et avec un nombre incalculable de modalités, prennent part à ce gigantesque processus par lequel l'homme « soumet la terre » au moyen de son travail.

5. Le travail au sens objectif : la technique

Ce caractère universel et multiple du processus par lequel l'homme « soumet la terre » éclaire bien le travail de l'homme, puisque la domination de l'homme sur la terre se réalise dans le travail et par le travail. Ainsi apparaît la signification du *travail au sens objectif,* qui trouve son expression selon les diverses époques de la culture et de la civilisation. L'homme domine la terre déjà par le fait qu'il domestique les animaux, les élevant et tirant d'eux sa nourriture et les vêtements nécessaires, et par le fait qu'il peut extraire de la terre et de la mer diverses ressources naturelles. Mais l'homme domine bien plus la terre lorsqu'il commence à la cultiver, puis lorsqu'il transforme ses produits pour les adapter à ses besoins. L'agriculture constitue ainsi un secteur primaire de l'activité économique ; elle est, grâce au travail de l'homme, un facteur indispensable de la production. L'industrie à son tour consistera toujours à combiner les richesses de la terre – ressources brutes de la nature, produits de l'agriculture, ressources minières ou chimiques – et le travail de l'homme, son travail physique comme son travail intellectuel. Cela vaut aussi en un certain sens dans le secteur de ce que l'on appelle l'industrie de service, et dans celui de la recherche, pure ou appliquée.

Aujourd'hui, dans l'industrie et dans l'agriculture, l'activité de l'homme a cessé dans de nombreux cas d'être un travail surtout manuel parce que la fatigue des mains et des muscles est soulagée par l'emploi de *machines et de mécanismes toujours plus perfectionnés.* Dans l'industrie mais aussi dans l'agriculture, nous sommes témoins des transformations rendues possibles par le développement graduel et continuel de la science et de la technique. Et cela, dans son ensemble, est devenu historiquement une cause de tournants importants dans la civilisation, depuis le début de « l'ère industrielle » jusqu'aux phases suivantes de développement grâce à de nouvelles techniques comme l'électronique ou, ces dernières années, les microprocesseurs.

Il peut sembler que dans le processus industriel c'est la machine qui « travaille » tandis que l'homme se contente de la surveiller, rendant possible son fonctionnement et le soutenant de diverses façons ; mais il est vrai aussi que, précisément à cause de cela, le développement industriel établit un point de départ pour reposer d'une manière nouvelle le problème du travail humain. La première industrialisation qui a créé la question dite ouvrière comme les changements industriels et post-industriels intervenus par la suite démontrent clairement que, même à l'époque du « travail » toujours plus mécanisé, *le sujet propre du travail reste l'homme.*

Le développement de l'industrie et des divers secteurs connexes, jusqu'aux technologies les plus modernes de l'électronique, spécialement dans le domaine de la miniaturisation, de l'informatique, de la télématique, etc., montre le rôle immense qu'assume justement, dans l'interaction du sujet et de l'objet du travail (au sens le plus large du mot), cette alliée du travail, engendrée par la pensée de l'homme, qu'est la technique.

Entendue dans ce cas, non comme une capacité ou une aptitude au travail, mais comme *un ensemble d'instruments* dont l'homme se sert dans son travail, la technique est indubitablement une alliée de l'homme. Elle lui facilite le travail, le perfectionne, l'accélère et le multiplie. Elle favorise l'augmentation de la quantité des produits du travail, et elle perfectionne également la qualité de beaucoup d'entre eux. C'est un fait, par ailleurs, qu'en certains cas, cette alliée qu'est la technique peut aussi se transformer en quasi adversaire de l'homme, par exemple lorsque la mécanisation du travail « supplante » l'homme en lui ôtant toute satisfaction personnelle, et toute incitation à la créativité et à la responsabilité, lorsqu'elle supprime l'emploi de nombreux travailleurs ou lorsque, par l'exaltation de la machine, elle réduit l'homme à en être l'esclave.

Si l'expression biblique « soumettez la terre », adressée à l'homme dès le commencement, est comprise dans le contexte de toute notre époque moderne, industrielle et post-industrielle, elle contient indubitablement aussi *un rapport avec la technique,* avec le monde de la mécanisation et de la machine, rapport qui est le fruit du travail de l'intelligence humaine et qui confirme historiquement la domination de l'homme sur la nature.

L'époque récente de l'histoire de l'humanité, et spécialement de certaines sociétés, porte en soi une juste affirmation de la technique comme élément fondamental de progrès économique ; mais, en même temps, de cette affirmation ont surgi et surgissent encore continuellement les questions essentielles concernant le travail humain dans ses rapports avec son sujet qui est justement l'homme. Ces questions contiennent un ensemble particulier *d'éléments et de tensions de caractère éthique et même éthico-social.* Et c'est pourquoi elles constituent un défi continuel pour de multiples institutions, pour les États et les gouvernements, pour les systèmes et les organisations internationales ; elles constituent également un défi pour l'Église.

6. Le travail au sens subjectif : l'homme, sujet du travail

Pour continuer notre analyse du travail liée à la parole de la Bible selon laquelle l'homme doit soumettre la terre, il nous faut maintenant concentrer notre attention sur *le travail au sens subjectif,* beaucoup plus que nous ne l'avons fait en nous référant au sens objectif du travail : nous avons tout juste effleuré ce vaste problème qui est parfaitement connu, et dans tous ses détails, des spécialistes des divers secteurs et aussi des hommes mêmes du monde du travail, chacun dans son domaine. Si les paroles du Livre de la Genèse auxquelles nous nous référons dans cette analyse parlent de façon indirecte du travail au sens objectif, c'est de la même façon qu'elles parlent aussi du sujet du travail ; mais ce qu'elles disent est fort éloquent et rempli d'une grande signification.

L'homme doit soumettre la terre, il doit la dominer, parce que comme « image de Dieu » il est une personne, c'est-à-dire un sujet, un sujet capable d'agir d'une manière programmée et rationnelle, capable de décider de lui-même et tendant à se réaliser lui-même. C'est *en tant que personne que l'homme est sujet du travail.* C'est en tant que personne qu'il travaille, qu'il accomplit diverses actions appartenant au processus du travail ; et ces actions, indépendamment de leur contenu objectif, doivent toutes servir à la réalisation de son humanité, à l'accomplissement de la vocation qui lui est propre en raison de son humanité même : celle d'être une personne. Les principales vérités sur ce thème ont été rappelées dernièrement par le Concile Vatican II dans la constitution *Gaudium et spes,* en particulier par le chapitre I consacré à la vocation de l'homme.

Ainsi la « domination » dont parle le texte biblique que nous méditons ici ne se réfère pas seulement à la dimension objective du travail : elle nous introduit en même temps à la compréhension de sa dimension subjective. Le travail entendu comme processus par lequel l'homme et le genre humain soumettent la terre ne correspond à ce concept fondamental de la Bible que lorsque, dans tout ce processus, l'homme se manifeste en même temps et se confirme *comme celui qui « domine »*. Cette domination, en un certain sens, se réfère à la dimension subjective plus encore qu'à la dimension objective : cette dimension conditionne *la nature éthique du travail.* Il n'y a en effet aucun doute que le travail humain a une valeur éthique qui, sans moyen terme, reste directement liée au fait que celui qui l'exécute est une personne, un sujet conscient et libre, c'est-à-dire un sujet qui décide de lui-même.

Cette vérité, qui constitue en un certain sens le noyau central et permanent de la doctrine chrétienne sur le travail humain, a eu et continue d'avoir une signification fondamentale pour la formulation des importants problèmes sociaux au cours d'époques entières.

L'âge antique a introduit parmi les hommes une différenciation typique par groupes selon le genre de travail qu'ils faisaient. Le travail qui exigeait du travailleur l'emploi des forces physiques, le travail des muscles et des mains, était considéré comme indigne des hommes libres, et on y destinait donc les esclaves. Le christianisme, élargissant certains aspects déjà propres à l'Ancien Testament, a accompli ici une transformation fondamentale des concepts, en partant de l'ensemble du message évangélique et surtout du fait que Celui *qui, étant Dieu,* est devenu en tout semblable à nous, a consacré la plus grande partie de sa vie sur terre *au travail manuel,* à son établi de charpentier. Cette circonstance constitue par elle-même le plus éloquent « évangile du travail ». Il en résulte que le fondement permettant de déterminer la valeur du travail humain n'est pas avant tout le genre de travail que l'on accomplit mais le fait que celui qui l'exécute est une personne. Les sources de la dignité du travail doivent être cherchées surtout, non pas dans sa dimension objective mais dans sa dimension subjective.

Avec une telle conception disparaît pratiquement le fondement même de l'ancienne distinction des hommes en groupes déterminés par le genre de travail qu'ils exécutent. Cela ne veut pas dire que le travail humain ne puisse et ne doive en aucune façon être valorisé et qualifié d'un point de vue objectif. Cela veut dire seulement que *le premier fondement de la valeur du travail est l'homme lui-même,* son sujet. Ici vient tout de suite une conclusion très importante de nature éthique : bien qu'il soit vrai que l'homme est destiné et est appelé au travail, le travail est avant tout « pour l'homme » et non l'homme « pour le travail ». Par cette conclusion, on arrive fort justement à reconnaître la prééminence de la signification subjective du travail par rapport à sa signification objective. En partant de cette façon de comprendre les choses et en supposant que différents travaux accomplis par les hommes puissent avoir une plus ou moins grande valeur objective, nous cherchons toutefois à mettre en évidence le fait que chacun d'eux doit être estimé surtout *à la mesure de la dignité du* sujet même du travail, c'est-à-dire de la personne, *de l'homme qui l'exécute.* D'un autre côté, indépendamment du travail que tout homme accomplit, et en supposant qu'il constitue un but – parfois fort absorbant – de son activité, ce but ne possède pas par lui-même une signification définitive. En fin de compte, *le but du travail,* de tout travail exécuté par l'homme – fût-ce le plus humble service, le travail le plus monotone selon l'échelle commune d'évaluation, voire le plus marginalisant reste toujours l'homme lui-même.

MES NOTES DE CE JOUR

MES NOTES DE CE JOUR

EXERCICE 5. – UNE HEURE D'ADORATION

Jour choisi pour mon heure d'adoration	

Devant le Saint Sacrement exposé ou présent dans le tabernacle, je prends un temps pour me poser. J'offre à Jésus présent tout ce que j'ai reçu durant ces jours de méditation, de travail et de prière sur le thème : « En charge de la création ». J'en profite pour me sentir en communion avec tous ceux qui font le parcours Zachée et tous ceux qui découvrent la doctrine sociale de l'Église.

Pour nous aider, nous allons méditer sur **Jésus charpentier**. Pendant plus de vingt ans, avant sa « vie publique », Jésus a vécu une vie cachée à Nazareth. Il a exercé un métier, celui de charpentier. Il s'est formé à ce métier avec Joseph. Il s'est aussi formé à la lecture de la Torah et il a eu sans doute, comme nous tous, d'autres activités. Comme charpentier, il a eu affaire à des clients et des fournisseurs, à des soucis de « boulot » ; il a eu à gérer des commandes, à fabriquer, à livrer… Une vie active, comme la nôtre. Ainsi, pendant plus de vingt ans, Jésus a été en charge de la création comme chaque homme, comme chacun d'entre nous.

Devant Jésus présent, prenons un moment pour imaginer sa vie, de manière la plus concrète possible. Imaginons Jésus avec ses clients, Jésus au travail, Jésus fatigué, se reposant le jour du sabbat et rendant grâce à son Père. Méditons aussi ce mystère : **dans le plan de salut de Dieu, la vie cachée à Nazareth était nécessaire**. Pourquoi ? N'est-ce pas pour que Jésus vive la vie de chaque homme, pour que la **dignité** de l'homme co-créateur soit ainsi manifestée ? Dans le chemin de sainteté qu'il nous indique, être en charge de la création par nos activités est une dimension que lui-même a assumée.

DANS LA COMMUNION DES SAINTS…
AVEC CHARLES DE FOUCAULD

Charles de Foucauld, aristocrate et ancien officier, a choisi de vivre une vie de travail très humble, à Nazareth, pour contempler la « vie cachée » de Jésus. Entre 1897 et 1900, il fut jardinier et commissionnaire du couvent des Clarisses. Lors d'une retraite (novembre 1897), durant un exercice d'adoration, il a reçu cet enseignement de Jésus :

> « Tu as une bienheureuse vocation, mon enfant, que tu es heureux !… Prends-Moi simplement comme modèle : fais ce que tu penses que je faisais, que je ferais, ne fais pas ce que je ne faisais pas, ce que je ne ferais pas… imite-Moi…
> Travaille assez pour gagner le pain quotidien, mais moins que les ouvriers ordinaires. Ceux-ci travaillent de manière à gagner le plus possible ; Moi et toi nous ne travaillons que de manière à gagner une nourriture extrêmement frugale, des vêtements et un logis extrêmement pauvres et, en outre, de quoi faire de petites aumônes… Nous ne travaillons pas plus, parce que notre détachement des choses matérielles, notre amour de la pénitence font que nous ne voulons avoir que des vêtements, un logis, une nourriture aussi vils que possible, seulement le strict nécessaire. Nous travaillons moins que les autres ouvriers parce que, d'une part, nous avons moins de besoins matériels, de l'autre, nous avons plus de besoins spirituels : nous tenons à garder plus de temps pour la prière, l'oraison, la lecture, car ainsi faisait-on dans la sainte maison de Nazareth…
> – Comment travailler [demande Charles] ?
> – **En me regardant sans cesse, mon enfant, en pensant sans cesse que tu travailles avec Moi et pour Moi, entre Moi, Marie et Joseph, sainte Madeleine et nos anges, et en me contemplant sans cesse avec eux…** »

(Extrait de *Écrits spirituels de Charles de Foucault*, Éd. de Gigord, 1933, p. 111-112.)

EXERCICE 6. – UNE HEURE DE MÉDITATION DE LA PAROLE DE DIEU

Je consacre une heure entière à méditer seul, ou en groupe de partage, la parole de Dieu : Luc 5 1-11 « l'évangile de la barque ».

Jour choisi pour mon heure de méditation	

Quelques clés pour aider la méditation :

Clé 1. – **Prendre du temps.** Une heure. On ne médite pas en quelques minutes. Il faut du temps pour que l'esprit s'apaise, pour que nous soyons vraiment disponibles pour **écouter**.

Clé 2. – **Commencer par prier l'Esprit Saint** : c'est lui le père des pauvres que nous sommes ; c'est lui qui peut nous éclairer, nous aider, convertir notre intelligence.

Clé 3. – **Observer les situations concrètes :** les personnes, la foule, le paysage, les bateaux, le moment de la journée. On peut se mettre à la place de l'un ou l'autre des personnages, s'imaginer ce que l'on aurait fait ou dit, comment on aurait jugé la situation.

Clé 4. – **En quoi ce texte éclaire-t-il ma vie**, mes activités, aujourd'hui ? Faire le lien avec ce que nous avons appris sur le travail, la création, notre mission, la sanctification par la participation à la création.

Clé 5. – **Prendre conscience que Jésus est là**, physiquement et concrètement, dans l'histoire. Et que cela change tout. Et dans **mon** histoire ?

Clé 6. – À la fin de la méditation relire le texte et **rendre grâce pour ce qui a été reçu.**

À la page suivant le texte de l'évangile, vous trouverez quelques commentaires pour aider à réfléchir.

L'ÉVANGILE DE LA BARQUE (Luc 5, 1-11)

1 Or, un jour, la foule se serrait contre lui à l'écoute de la parole de
Dieu ; il se tenait au bord du lac de Gennésareth. 2 Il vit deux bar-
ques qui se trouvaient au bord du lac ; les pêcheurs qui en étaient
descendus lavaient leurs filets. 3 Il monta dans l'une des barques,
qui appartenait à Simon, et demanda à celui-ci de quitter le rivage
et d'avancer un peu ; puis il s'assit et, de la barque, il enseignait
les foules. 4 Quand il eut fini de parler, il dit à Simon : « Avance en
eau profonde, et jetez vos filets pour attraper du poisson. » 5
Simon répondit : « Maître, nous avons peiné toute la nuit sans rien
prendre ; mais, sur ta parole, je vais jeter les filets. » 6 Ils le firent
et capturèrent une grande quantité de poissons ; leurs filets se
déchiraient. 7 ils firent signe à leurs camarades de l'autre barque
de venir les aider ; ceux-ci vinrent et ils remplirent les deux bar-
ques au point qu'elles enfonçaient. 8 À cette vue, Simon-Pierre
tomba aux genoux de Jésus en disant : « Seigneur, éloigne-toi de
moi, car je suis un pécheur. » 9 C'est que l'effroi l'avait saisi, lui et
tous ceux qui étaient avec lui, devant la quantité de poissons
qu'ils avaient pris ; 10 de même Jacques et Jean, fils de Zébédée, qui
étaient les compagnons de Simon. Jésus dit à Simon : « Sois sans
crainte, désormais ce sont des hommes que tu auras à capturer. »
11 Ramenant alors les barques à terre, laissant tout, ils le suivirent.

Commentaires

Observez le nombre de fois où le mot « barque » est répété : 5 fois dans ce petit texte. Filets et barque sont les deux instruments de travail des pêcheurs. Qu'est-ce que le début du texte nous dit sur le travail, son importante ? Cette barque, qui est un lieu de travail, est **transformée** par Jésus en lieu d'évangélisation ! (verset 3).

« *Avance en eau profonde !* » Ces gens ont travaillé toute la nuit sans rien prendre ; Jésus vient et propose, et eux repartent « *sur ta parole* » : **la même barque** redevient lieu de travail ! L'Évangile, ce ne sont pas de belles paroles abstraites : c'est au cœur du travail humain qu'il est annoncé…

Très souvent nous sommes attirés par le spectaculaire : le côté « miraculeux » de la pêche. Or qu'est-ce qui a fait que ce travail est devenu fécond ? C'est que, à la différence de la nuit précédente, Jésus, est maintenant **au milieu de la barque :** ils ont mis la Parole de Dieu au centre de leur travail.

Première réaction des pêcheurs devant l'abondance de la pêche : « *ils firent signe à leurs camarades…* » Bel exemple de **travail collectif** : on a plein de compétences, partageons-les, ouvrons-nous !

Versets 8-9. – Au lieu de la joie, c'est l'effroi de Pierre. Exemple de **pathologie du déni** : ce n'est pas moi, ce n'est pas possible, je ne mérite pas ce résultat ! Mais si ! Car cette fois, « j'étais avec toi », dit Jésus !

Verset 10. – « *Ramenant la barque* » : elle resservira… c'est important qu'ils la **ramènent** !

Un même lieu de travail, quatre utilisations : quand ils pêchent sans Jésus ; quand Jésus enseigne ; quand ils pêchent avec Lui ; et plus tard, elle servira à transporter Jésus durant sa mission !

Et nous, notre barque, qu'en faisons-nous ?

EXERCICE 7. – RÉCAPITULONS

Comme toujours, je fais le point sur ce que j'ai appris, vécu, compris, durant ce mois. Ce qui m'a permis de progresser. Ce qui m'a rendu meilleur. Ce qui a été difficile et sur quoi je dois encore travailler.

Je peux faire remonter une expérience ou une impression au responsable de mon groupe de partage, qui pourra être dite lors de la prochaine rencontre, comme un témoignage de ce que j'ai reçu et un encouragement pour mes frères et sœurs. Il est important de faire le point, de prendre ce temps. N'hésitons pas non plus à témoigner : c'est la meilleure façon de mûrir…

Un petit témoignage

« Dieu bénit le septième jour et le consacra car il avait alors arrêté toute l'œuvre que lui-même avait créée par son action » (Genèse 2, 3).

THÈME 2
POUR SERVIR LE BIEN COMMUN

Plan de l'enseignement
(durée sur le CD : 68'53)

I. Le sens de l'action

1. Agir ce n'est pas œuvrer :

Il y a une orientation juste de notre activité qui nous rend collaborateurs de l'œuvre de création.

2. Relire Genèse 3, « la chute »

Chaque homme n'a pas à inventer son propre bien. Le bien est « commun ».

3. Agir pour autrui

L'amour pour autrui nous fait davantage à l'image et à la ressemblance du Seigneur.

II. Bien commun : ce que c'est

1. Définition

« Par bien commun, il faut entendre l'ensemble des conditions sociales qui permettent, tant aux groupes qu'à chacun de leurs membres d'atteindre leur perfection, d'une façon plus totale et plus aisée » (GS 26 § 1 ; cf. GS 74 § 1). Le bien commun intéresse la vie de tous » (CEC 1907).

2. Il suppose trois conditions :

- Le respect de la personne en tant que telle.
- Le bien-être social et le développement du groupe
  « Le bien commun ne consiste pas dans la simple somme des biens particuliers de chaque sujet du corps social. Étant à tous

et à chacun, il est et demeure commun, car indivisible et parce qu'il n'est possible qu'ensemble de l'atteindre, de l'accroître et de le conserver, notamment en vue de l'avenir » (*Compendium de la doctrine sociale de l'Église*, § 164).

- La paix
  « À chacun la manifestation de l'Esprit est donnée en vue du bien commun » (1 Co 12, 7).
- Différence avec d'autres attitudes vis-à-vis du bien

	Indifférence à la personne	Bien de la personne
Indifférence à la société	CYNISME	INDIVIDUALISME
Bien de la société	L'INTÉRÊT GÉNÉRAL TOTALITARISME	**BIEN COMMUN**

3. La différence essentielle avec l'intérêt général : c'est l'amour qui fait vouloir que l'autre ait les conditions pour atteindre sa perfection

4. La question n'est pas de faire le bien mais d'agir pour que le bien existe.

« Et Il leur dit : "Quiconque accueille cet enfant en mon nom m'accueille moi-même ; et quiconque m'accueille accueille celui qui m'a envoyé. En effet, celui qui est le plus petit parmi vous tous, c'est celui-là qui est grand" » *(Lc 9, 48)*.

III. Chercher aussi le bonheur personnel

L'Évangile n'est pas un code rigoriste : il n'y a pas de bien commun si on s'exclut du bien.

1. Le bonheur est une attente de Dieu pour nous.

- Rendre heureux doit rendre heureux
- Se soucier de l'autre c'est recevoir

2. Il passe par une juste prise en considération de soi.

- Mon bien personnel est inclus dans le bien commun. Attention à l'exception de puissance
- C'est important pour rendre gloire à Dieu

  « Heureux les artisans de paix, car ils seront appelés fils de Dieu ! Heureux ceux qui sont persécutés à cause de la justice, car le royaume des cieux est à eux ! [...] Réjouissez-vous et soyez transportés d'allégresse, parce que votre récompense est grande dans les cieux » *(Mt 5, 9 et 10-11b)*.

IV. Quelques pathologies

1. L'intérêt général généreux : le cœur sur la bouche

2. Le syndrome de Lucifer : vouloir FAIRE le bien

3. L'inhibition égalitariste : croire que chacun a sa propre définition du bien

V. Le remède : mettre Jésus au cœur de notre bien

Commentaire de Gn 3, 1-26.

VI. Pour aller plus loin : références

Catéchisme de l'Église catholique, n°s 1905-1909.
Première lettre aux Corinthiens, chap. 12 et 13.
Compendium de la doctrine sociale de l'Église, Ire partie, chap. IV, section II (n°s 164-170). Voir index.

VOUS POUVEZ ICI PRENDRE DES NOTES EN ÉCOUTANT L'ENSEIGNEMENT AUDIO.

VOUS POUVEZ ICI PRENDRE DES NOTES EN ÉCOUTANT L'ENSEIGNEMENT AUDIO.

PREMIÈRE SÉRIE D'EXERCICES

Pour les deux semaines qui viennent, vous êtes invités à faire 7 exercices.

EXERCICE 1. – **VOIR LE MONDE LARGE**

EXERCICE 2. – **LA PAIX SOIT AVEC VOUS**

EXERCICE 3. – **LE GARDIEN DE MON FRÈRE**

EXERCICE 4. – **SUR LA PISTE DU BIEN COMMUN**

EXERCICE 5. – **JOUR DE PAIX (2)**

EXERCICE 6. – **L'ANTI-GUIGNOLS**

EXERCICE 7. – **RÉCAPITULONS**

Il faut dès à présent noter sur votre agenda les 7 dates réservées pour faire les exercices.

RÉFLEXE AGENDA !

EXERCICE 1. – VOIR LE MONDE LARGE

EN DÉBUT DE JOURNÉE (10 minutes). – Aujourd'hui, je suis appelé à servir le bien commun. Pas seulement mon intérêt personnel ou celui de quelques personnes que j'aime, mais le bien commun à tous les hommes. Je prends conscience de cette dimension exaltante de ma dignité d'homme.

Parole du jour

> « À chacun la manifestation de l'Esprit est donnée en vue du bien commun. »

Exercice du jour. – À trois reprises, je vais m'arrêter quelques secondes dans les activités du jour pour prendre conscience que je sers un bien plus grand que moi. Je choisis d'avance ces moments où je ferai le point.

Je prie l'Esprit Saint pour qu'il me garde dans cette joie de participer à l'œuvre de Dieu qui est fondamentalement bonne.

EXAMEN DU SOIR (15 minutes). – Être au service du bien commun, ce n'est pas seulement « rendre service », être gentil ou faire de bonnes œuvres. C'est participer à la réalisation d'un bien pour tous et pour chacun avec le sentiment que ce qui importe, c'est que les autres aient les moyens de grandir en sainteté. Cela passe par des conditions matérielles favorables, un environnement positif, etc. Quels sont les domaines particuliers où je suis appelé à servir le bien commun : au travail, en famille, en Église, dans des associations, en tant que citoyen, etc. ? Je note ce qui, dans ces activités, même modestement et indirectement, me fait agir **au-delà de mes intérêts,** pour que se construisent « des conditions permettant à chacun d'atteindre sa perfection ».

Au coucher… Je prends quelques minutes pour remercier le Seigneur de me donner cette chance de voir plus grand que mon horizon. Et je lis 1 Corinthiens 12, 4-27.

MES NOTES DE CE JOUR

Quelques exemples où je suis appelé à servir le bien commun

	Comment ?
Dans ma vie de famille	
Dans mon travail	
Dans mes engagements chrétiens	
Dans mes engagements associatifs ou politiques	

EXERCICE 2. – LA PAIX SOIT AVEC VOUS

EN DÉBUT DE JOURNÉE (10 minutes). – Aujourd'hui, je vais observer comment je participe au bien commun en étant un **pacificateur** dans ma famille ou au travail, dans ma communauté, ma vie sociale. Comment travailler au bien qui nous est **commun** si on ne commence pas par éteindre les conflits qui nous **divisent** ?

Parole du jour

> « Laisse là ton offrande, devant l'autel, et va d'abord te réconcilier avec ton frère. »

Exercice du jour. – Je vais noter le nombre de fois où j'essaie, aujourd'hui, de faire régner la paix autour de moi, ne serait-ce que par un simple sourire amical ; et combien de fois, au contraire, par des critiques ou des positions, j'attise plutôt le conflit.

Je prie l'Esprit Saint pour qu'il me donne un cœur pacificateur.

EXAMEN DU SOIR (15 minutes). – Combien de fois ai-je été pacificateur aujourd'hui (ou, à défaut, récemment) ? Est-ce que j'ai cherché à l'être au nom du bien commun, qui permet de **dépasser** les mesquineries et les égoïsmes ? Qu'est-ce qui a été difficile pour moi ? Mais surtout, je réponds à cette question : apporter la paix **me rend-il heureux** ?

> **Au coucher...** La paix est une exigence spirituelle qu'il faut établir volontairement. Sans elle, on ne peut participer au bien commun. Je termine en lisant Matthieu 5, 21-26.

MES NOTES DE CE JOUR

Un exemple où j'ai été pacificateur	
En quoi cela servait-il le bien commun ?	
Qu'est-ce qui m'a paru alors le plus difficile, quels gestes ou quelles paroles ?	
Qu'est-ce qui m'a aidé et soutenu ?	
Me suis-je senti heureux à la fin ? Pourquoi ?	

EXERCICE 3. – LE GARDIEN DE MON FRÈRE

EN DÉBUT DE JOURNÉE (10 minutes). – Aujourd'hui, je vais observer comment je prends en compte le bien de tous, et les besoins de chacun, **dans ma vie privée,** c'est-à-dire dans mes relations familiales et/ou conjugales et/ou communautaires (si je vis en communauté).

Parole du jour

« Suis-je le gardien de mon frère ? »

Exercice du jour. – Je choisis une personne dans ma vie privée, celle que j'aurais peut-être tendance à négliger, et j'essaie tout au long de la journée de la porter dans mon cœur. Je pense à elle…

Je prie le Seigneur de m'éclairer sur les besoins de chacun de ceux qu'il m'a confiés au titre des liens de famille ou d'amitié, pour que j'aie un vrai désir de les connaître.

EXAMEN DU SOIR (15 minutes). – En remplissant le tableau ci-contre, je réfléchis au bien commun que **partagent les membres de ma famille**. Quelle est ma responsabilité vis-à-vis d'eux, de chacun en particulier et de la communauté que nous formons ? Quelle est ma place dans la réalisation de ce bien commun ?

Au coucher… Je remercie le Seigneur parce qu'il me rend responsable du bien des autres, de la perfection des personnes. Je termine en lisant Genèse 4, 1-10.

MES NOTES DE CE JOUR

Quel est le bien **commun** à tous les membres de ma famille, ma communauté, mon cercle d'amis intimes ?	
En ai-je déjà **parlé** avec eux ou est-ce toujours implicite ? Pourquoi ?	
Est-ce que je m'intéresse au bien de **chacun** dans la famille ou dans la communauté où je vis (en cherchant à connaître ses désirs, ses besoins, ses attentes) ?	
Ai-je à cœur de servir le bien de chacun ou y a-t-il des préférences et des négligences ?	

EXERCICE 4. – SUR LA PISTE DU BIEN COMMUN

EN DÉBUT DE JOURNÉE (10 minutes). – Aujourd'hui, je vais observer comment je prends en compte le **bien** de tous, et les besoins de chacun, **dans ma vie de travail ou mes activités publiques**.

Parole du jour

> « À cause de mes frères et de mes compagnons, je dirai : "La paix soit chez toi !" »

Exercice du jour. – Je vais pratiquer aujourd'hui deux « quarts d'heure de présence ». Je choisis une personne de mon travail et, à deux reprises dans la journée, pendant un quart d'heure, je travaillerai en lui offrant mentalement tout ce que je fais, comme si je travaillais pour lui faire plaisir.

Je loue le Seigneur pour qu'il **dilate mon cœur,** qu'il l'ouvre au bien et à ma responsabilité personnelle pour le réaliser.

EXAMEN DU SOIR (15 minutes). – L'heure de présence est un bel exercice de charité, très simple. Cela change le regard sur l'autre. Est-ce que j'ai eu du bonheur à la réaliser ? La recherche du bien commun est souvent difficile dans nos activités. On se donne toujours de « bonnes raisons » pour ne pas poursuivre le bien commun. En suivant le jeu de piste ci-contre, je fais le point : pourquoi ne serais-je pas **« comme tout le monde »**, opportuniste ou égoïste au travail ? N'est-ce pas lié à ma façon de voir mon activité ?

Au coucher... Je remercie le Seigneur parce qu'il me donne le désir de ne pas condamner ceux qui n'ont peut-être que moi, au travail, dans mon entourage, pour parler du bien qui nous est commun. Je termine en lisant un beau chant du bien commun, le Psaume 122.

MES NOTES DE CE JOUR

Le jeu de piste suivant propose des raisonnements possibles. Chaque flèche suit une piste et se termine par une question à laquelle il faut répondre **en conscience : est-ce cela qui m'empêche de chercher le bien commun ?**

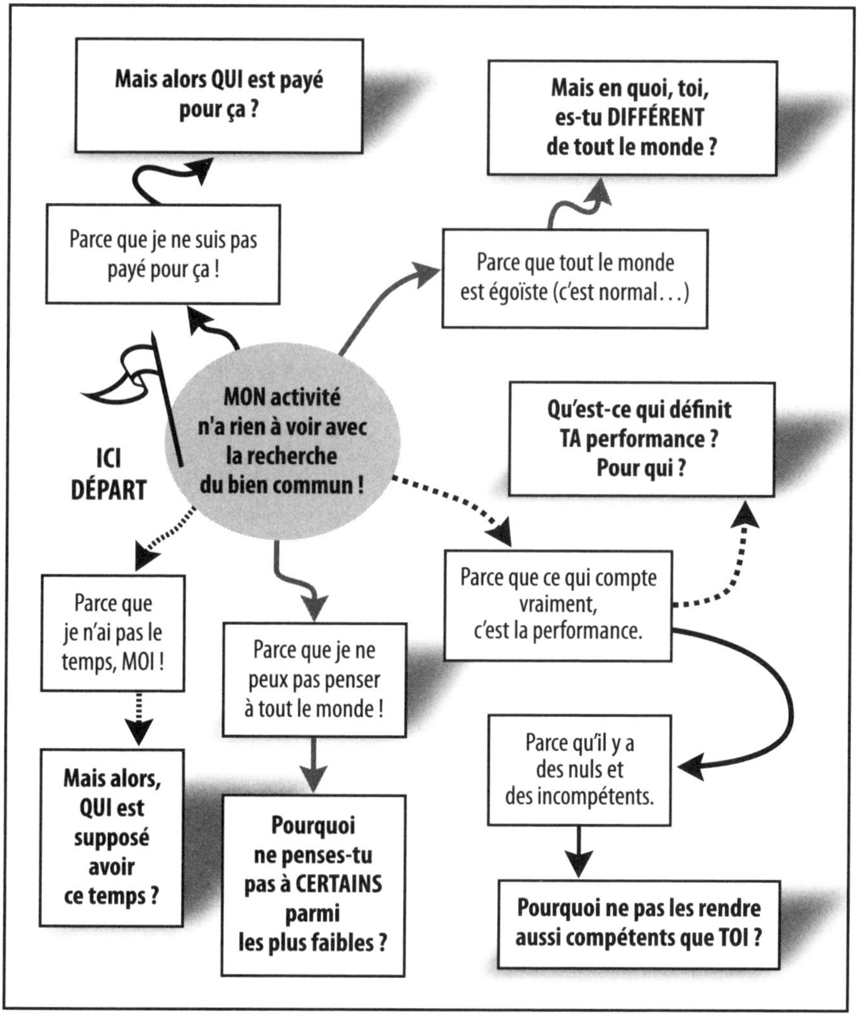

EXERCICE 5. – JOUR DE PAIX

EN DÉBUT DE JOURNÉE (10 minutes). – Aujourd'hui, je vais prendre conscience du lien entre la recherche du bien commun et l'amour de Dieu pour tous les hommes. Qui suis-je pour ne pas chercher le bien de celui ou de celle que lui aime ?

Parole du jour

> « Qui aime son frère demeure dans la lumière, et il n'y a rien en lui pour le faire trébucher. »

Exercice du jour. – Je déclare ce jour « jour de paix ». Je décide de pratiquer un exercice élémentaire (mais difficile !) de charité : ne critiquer personne, ni dans mon entourage, ni au travail, ni à la télévision… durant toute la journée.

Je loue le Seigneur parce qu'il a créé tout homme à son image et qu'il ouvre ainsi d'immenses possibilités d'amour entre nous !

EXAMEN DU SOIR (15 minutes). – Sans amour, pas de bien commun. Dans ma conception du bien commun, ne suis-je pas trop dans le **« devoir »** ? Est-ce que « ce qu'il faut **faire** » ne vient pas étouffer « ceux qu'il faut **aimer** » ? Dans le tableau ci-contre, je désigne quelques-unes des personnes qui, dans ma vie, ont contribué à **mon** bien parce qu'elles, **elles m'ont aimé.**

> **Au coucher…** Je remercie le Seigneur pour toutes les personnes qui m'aiment et qui veulent mon bien. Je termine en lisant la première lettre de Jean, 2, 1-11.

MES NOTES DE CE JOUR

Dans ma vie, des personnes qui ont contribué à mon bien personnel parce qu'elles ont travaillé dans le sens du bien commun	En quoi leur action m'a-t-elle permis de grandir, de me développer ?
Mes parents	
Des membres de ma famille	
Conjoint, enfants	
Des amis	
Des enseignants	
Des prêtres, des religieux	
Des professionnels, (médecins, collègues, etc.)	

Et oui, je suis aussi **bénéficiaire** du « bien commun » !

EXERCICE 6. – L'ANTI-GUIGNOLS

EN DÉBUT DE JOURNÉE (10 minutes). – Aujourd'hui, je vais observer comment je prends en compte le bien de tous, dans la vie politique de la cité, du pays. Nous sommes facilement auteurs de sarcasmes envers ceux qui exercent une activité politique, syndicale ou sociale. Pourquoi avons-nous perdu le sens du bien commun dans la cité ?

Parole du jour

> « Que ta participation à la foi soit efficace : fais donc connaître tout le bien que nous pouvons accomplir pour la cause du Christ. »

Exercice du jour. – Je prie, ce matin et ce soir, pour nos gouvernants. Quel que soit mon avis politique ou personnel, ils ont aussi besoin de ma prière.

Je prie l'Esprit Saint pour nos gouvernants, pour qu'ils prennent en compte le bien commun dans leurs décisions.

EXAMEN DU SOIR (15 minutes). – Rechercher le bien commun, c'est aussi redonner du sens à la vie politique. Notre communauté ne s'arrête pas à notre famille et à notre travail. Elle englobe la société à laquelle nous appartenons. Pourquoi la politique se réduirait-elle à la **critique des personnes ?** En y contribuant, en quoi est-ce que je sers alors le bien commun ? Le tableau ci-contre peut m'aider à mesurer comment je cherche le bien commun comme **citoyen**.

Au coucher… Je relis toute l'épître de saint Paul à Philémon (c'est très court !). Onésime était un esclave de Philémon, qui s'était enfui et était devenu chrétien. Paul écrit à Philémon…

MES NOTES DE CE JOUR

En général, lorsque je parle « politique », est-ce que je parle des problèmes de la société et de leurs solutions ou est-ce que je parle des personnes politiques ?	
Quels sont pour moi les trois grands problèmes de la société les plus importants à traiter pour le bien commun ?	1.
	2
	3.
Suis-je personnellement documenté sur ces problèmes importants ? Sinon pourquoi, puisqu'ils sont importants ?	
Ai-je milité avec un syndicat, un parti, une association, pour agir sur l'un des problèmes importants ? Sinon pourquoi, puisqu'ils sont importants ?	
M'arrive-t-il de confier à Dieu, dans ma prière quotidienne, les responsables politiques de notre pays, notamment ceux qui nous gouvernent ?	

EXERCICE 7. – RÉCAPITULONS

EN DÉBUT DE JOURNÉE (10 minutes). – Aujourd'hui est un jour de récapitulation. Je prépare l'échange en groupe de partage sur ces quinze premiers jours. Je fais le point en reprenant toutes mes notes. Je peux y penser durant la journée, et ce soir je mettrai tout cela au clair. Qu'ai-je appris durant ces jours ?

Parole du jour

« L'amour ne passera jamais. »

Prière. – Seigneur, tu as vraiment confiance en moi et tu me permets de poursuivre l'œuvre de ta création en cherchant le bien commun. Ma vie a un sens. Si ce monde me paraît égoïste et froid, je désire, moi, être chaleureux et généreux. Parce que je sais que tu m'aimes, comme tu aimes chaque être humain.

Je prends des notes pour pouvoir témoigner en groupe de partage à partir des exercices :

1) sur ce que j'ai appris ;

2) sur ce qui était important ;

3) sur ce qui était difficile.

Je remercie le Seigneur d'être venu chez moi.

Je termine en relisant 1 Corinthiens 13, 1-13.

MES NOTES POUR CETTE PREMIÈRE SÉRIE D'EXERCICES

DEUXIÈME SÉRIE D'EXERCICES

Pour les deux semaines qui viennent, vous êtes invités à faire les 7 exercices dans l'ordre que vous préférez.

EXERCICE 1 ET 2. – **REVENIR SUR DES EXERCICES DE LA PREMIÈRE SÉRIE**

EXERCICE 3. – **OBSERVER NOTRE ENVIRONNEMENT**

EXERCICE 4. – **CONNAITRE LE MAGISTÈRE**

EXERCICE 5. – **UNE HEURE D'ADORATION**

EXERCICE 6. – **UNE HEURE DE MÉDITATION DE LA PAROLE DE DIEU**

EXERCICE 7. – **RÉCAPITULONS**

Pour préparer les deux semaines de travail qui viennent, parcourez rapidement les exercices de la deuxième série. Vous avez le choix de les réaliser selon l'ordre que vous préférez. Ne vous en privez pas. Mais n'oubliez pas : il faut, dès à présent, noter sur votre agenda, les 7 dates réservées pour faire les exercices.

RÉFLEXE AGENDA !

EXERCICES 1 ET 2. – REVENIR SUR DEUX EXERCICES DE LA PREMIÈRE SÉRIE

Il y a sûrement des points abordés dans la première série que vous n'avez pas assez approfondis ou que vous aimeriez revoir. On vous propose de choisir de refaire **deux exercices**, en notant bien le point particulier que vous aimeriez travailler. Vous pouvez choisir ces exercices seul ou, mieux, à l'issue de la discussion avec votre groupe de partage.

Point que j'aimerais approfondir	Exercice de la première série à refaire

N'oubliez pas de fixer des jours pour les faire, sans quoi cela ne se fera jamais !

RÉFLEXE AGENDA !

EXERCICE 3. – OBSERVER NOTRE ENVIRONNEMENT

Pour observer la manière dont notre environnement utilise ou non la notion de bien commun, nous allons prendre le thème du « droit à l'avortement **(IVG)** ». Pour poser le problème à la lumière de la doctrine sociale de l'Église, donc de l'Évangile, on ne peut pas se contenter d'une position de principe. Il faut aller plus loin et comprendre profondément en quoi cette question oppose deux façons radicales de concevoir « le bien » : bien commun, bien individuel ou intérêt général. Pour cela, on peut utiliser la méthode suivante :

1) Mettez en avant, sans tabous, les **intérêts de toutes les parties prenantes :** la mère, le père, l'enfant, la famille, le corps médical, les chercheurs qui veulent utiliser des cellules embryonnaires, la Sécurité sociale, la société. Pour cela remplissez **loyalement** le tableau ci-contre en cherchant vraiment les arguments favorables à chacun, sans tenir compte de votre opinion personnelle.
2) Vous devriez trouver des avantages et des désavantages **à toutes les lignes…** Cela montre que, contrairement à l'idée reçue, l'avortement ne « va pas de soi », **même si on se place du point de vue de l'intérêt général utilitariste**.
3) En reprenant la définition du **bien commun**, vous pouvez comprendre la position de l'Église sur cette question, qui est plus radicale qu'on ne le croit (même chez les catholiques). Au nom du respect inconditionnel de la vie et de la défense du plus faible, on choisit dans la liste de défendre les intérêts… du seul qui ne peut pas se défendre.
4) Mais, l'Église invite aussi à réfléchir en sens inverse, et à voir en quoi le fait de **protéger et garder l'enfant**, quel que soit son handicap, participe au **bien** de chaque personne, du groupe concerné, et au bien commun de la société : choisir la vie.
5) Cet exercice doit nous permettre de prendre conscience que très souvent, le « débat public » fait ce que fait le serpent dans la Genèse : il transforme la vraie question (« quel bien y a-t-il à faire **naître** un enfant ? ») en fausse question (« pourquoi dénier à une femme le **droit d'une mère à l'avortement** ? »)

	Avantages	**Désavantages**
Pour la mère		
Pour le père		
Pour la famille (parents, frères présents et futurs…)		
Pour le corps médical qui pratique l'IVG		
Pour les chercheurs généticiens		
Pour la Sécurité sociale		
Pour la société		
Pour l'enfant à naître		

Je termine par la prière de Dieu adressée aux hommes dans le livre du Deutéronome : « J'ai mis devant toi la vie et la mort, la bénédiction et la malédiction. Choisis la vie, afin que tu vives, toi et ta descendance » (Deutéronome 30, 19).

EXERCICE 4. – CONNAÎTRE LE MAGISTÈRE

On trouvera ci-dessous quelques paragraphes du *Catéchisme de l'Église catholique* portant sur le bien commun. On peut anticiper la cohérence de la vision de la société humaine que propose la doctrine sociale de l'Église. Je peux souligner les éléments qui entrent en relation les uns avec les autres pour constituer une proposition pour le monde d'aujourd'hui.

Catéchisme de l'Église catholique, éd. définitive, 1997.
Chapitre sur « LA COMMUNAUTÉ HUMAINE » (extraits)

Article 1. – La personne et la société

1880 Une société est un ensemble de personnes liées de façon organique par un principe d'unité qui dépasse chacune d'elles. Assemblée à la fois visible et spirituelle, une société perdure dans le temps : elle recueille le passé et prépare l'avenir. Par elle, chaque homme est constitué « héritier », reçoit des « talents » qui enrichissent son identité et dont il doit développer les fruits (cf. Lc 19, 16. 19). À juste titre, chacun doit le dévouement aux communautés dont il fait partie et le respect aux autorités en charge du bien commun.

Article 2. – La participation à la vie sociale

I. L'autorité

1897 « À la vie en société manqueraient l'ordre et la fécondité sans la présence d'hommes légitimement investis de l'autorité et qui assurent la sauvegarde des institutions et pourvoient, dans une mesure suffisante, au bien commun » (PT 46).

1898 Toute communauté humaine a besoin d'une autorité qui la régisse (cf. Léon XIII, enc. « Diuturnum illud » ; enc. « Immortale Dei »). Celle-ci trouve son fondement dans la nature humaine. Elle est nécessaire à l'unité de la Cité. Son rôle consiste à assurer autant que possible le bien commun de la société.

1801 Si l'autorité renvoie à un ordre fixé par Dieu, « la détermination des régimes politiques, comme la détermination de leurs dirigeants, doivent être laissées à la libre volonté des citoyens » (GS 74, § 3).

La diversité des régimes politiques est moralement admissible, pourvu qu'ils concourent au bien légitime de la communauté qui les adopte. Les régimes dont la nature est contraire à la loi naturelle, à l'ordre public et aux droits fondamentaux des personnes, ne peuvent réaliser le bien commun des nations auxquelles ils se sont imposés.

1803 L'autorité ne s'exerce légitimement que si elle recherche le bien commun du groupe considéré et si, pour l'atteindre, elle emploie des moyens moralement licites. S'il arrive aux dirigeants d'édicter des lois injustes ou de prendre des mesures contraires à l'ordre moral, ces dispositions ne sauraient obliger les consciences. « En pareil cas, l'autorité cesse d'être elle-même et dégénère en oppression » (PT 51).

II. Le bien commun

1905 Conformément à la nature sociale de l'homme, le bien de chacun est nécessairement en rapport avec le bien commun. Celui-ci ne peut être défini qu'en référence à la personne humaine :

> Ne vivez point isolés, retirés en vous-mêmes, comme si vous étiez déjà justifiés, mais rassemblez vous pour rechercher ensemble ce qui est de l'intérêt commun (Barnabé, ep. 4, 10).

1906 Par bien commun, il faut entendre « l'ensemble des conditions sociales qui permettent, tant aux groupes qu'à chacun de leurs membres d'atteindre leur perfection, d'une façon plus totale et plus aisée » (GS 26, § 1 ; cf. GS 74, § 1). Le bien commun intéresse la vie de tous. Il réclame la prudence de la part de chacun, et plus encore de la part de ceux qui exercent la charge de l'autorité. Il comporte *trois éléments essentiels* :

1907 Il suppose, en premier lieu, le *respect de la personne* en tant que telle. Au nom du bien commun, les pouvoirs publics sont tenus de respecter les droits fondamentaux et inaliénables de la personne humaine. La société se doit de permettre à chacun de ses membres de réaliser sa vocation. En particulier, le bien commun réside dans les conditions d'exercice des libertés naturelles qui sont indispensables à l'épanouissement de la vocation humaine : « Ainsi : droit d'agir selon la droite règle de sa conscience, droit à la sauvegarde de la vie privée et à la juste liberté, y compris en matière religieuse » (GS 26, § 2).

1908 En second lieu, le bien commun demande le *bien-être social* et le développement du groupe lui-même. Le développement est le résumé de tous les devoirs sociaux. Certes, il revient à l'autorité d'arbitrer, au nom du bien commun, entre les divers intérêts particuliers. Mais elle doit rendre accessible à chacun ce dont il a besoin pour mener une vie vraiment humaine : nourriture, vêtement, santé, travail, éducation et culture, information convenable, droit de fonder une famille, etc. (cf. GS 26, § 2).

1909 Le bien commun implique enfin la *paix*, c'est-à-dire la durée et la sécurité d'un ordre juste. Il suppose donc que l'autorité assure, par des moyens honnêtes, la sécurité de la société et celle de ses membres. Il fonde le droit à la légitime défense personnelle et collective.

1910 Si chaque communauté humaine possède un bien commun qui lui permet de se reconnaître en tant que telle, c'est dans la *communauté politique* qu'on trouve sa réalisation la plus complète. Il revient à l'État de défendre et de promouvoir le bien commun de la société civile, des citoyens et des corps intermédiaires.

1911 Les dépendances humaines s'intensifient. Elles s'étendent peu à peu à la terre entière. L'unité de la famille humaine, rassemblant des êtres jouissant d'une dignité naturelle égale, implique un *bien commun universel*. Celui-ci appelle une organisation de la communauté des nations capable de « pourvoir aux divers besoins des hommes, aussi bien dans le domaine de la vie sociale (alimentation, santé, éducation...), que pour faire face à maintes circonstances particulières qui peuvent surgir ici ou là (par exemple : subvenir aux misères des réfugiés, l'assistance aux migrants et à leurs familles...) » (GS 84, § 2).

1912 Le bien commun est toujours orienté vers le progrès des personnes : « L'ordre des choses doit être subordonné à l'ordre des personnes, et non l'inverse » (GS 27, § 3). Cet ordre a pour base la vérité, il s'édifie dans la justice, il est vivifié par l'amour.

MES NOTES DE CE JOUR

EXERCICE 5. – UNE HEURE D'ADORATION

Jour choisi pour mon heure d'adoration	

Devant le Saint Sacrement ou le tabernacle, je prends un temps pour me poser. J'offre à Jésus présent tout ce que j'ai reçu durant ces jours de méditation, de travail et de prière sur le thème : « au service du bien commun ». J'en profite pour me sentir en communion avec tous ceux qui font le parcours Zachée et tous ceux qui découvrent la doctrine sociale de l'Église.

Méditons sur **Jésus soignant les malades**. Jésus n'est pas venu « enseigner » comme un professeur. Il s'est attaché aux personnes, souvent aux malades qu'on venait lui présenter. Il les a regardées, les a aidées. Pour lui, le bien commun, c'est que tous soient sauvés, que l'humanité entière soit sauvée. Mais **en même temps**, il passe une grande partie de sa vie publique à s'intéresser au bien de **chaque personne** qu'il croise : une veuve qui a perdu son fils unique, des lépreux, une femme adultère, des malades…

Pour toi, Jésus, faire le bien, ce n'est pas un acte général, « en gros ». Le bien de tous n'exclut pas le bien de chacun. Annoncer la Bonne Nouvelle, c'est à la fois un engagement pour **tous** les hommes, et pour **chaque** homme/femme rencontré(e) : l'accompagner là où il/elle en est.

Seigneur, ce n'est pas facile de participer au bien commun. Je vis souvent cette difficulté de penser à la fois à tous et à chacun. Sans toi, c'est impossible, car toi seul as fait parfaitement « le pont » entre Dieu et l'homme. C'est pourquoi je me mets à ton école. Je peux contempler en toi la réalisation parfaite de la recherche du bien commun.

DANS LA COMMUNION DES SAINTS… AVEC CATHERINE DE SIENNE

Dominicaine, docteur de l'Église et co-patronne de l'Europe, Catherine de Sienne (1347-1380) a vécu une vie d'engagement public dans le monde comme conseillère de papes et de personnages politiques. C'est aussi une grande spirituelle qui a bénéficié de révélations privées du Seigneur, rapportées notamment dans ses *Dialogues* dont est extrait le texte suivant :

« Ouvre l'œil de ton intelligence, ma fille, et tu verras les pauvres aveugles, tu verras aussi les imparfaits et les parfaits qui me suivent dans la vérité ; tu pleureras sur la perte des aveugles, et tu te réjouiras de la perfection de mes enfants bien-aimés. Tu verras comment font ceux qui marchent dans la lumière et ceux qui marchent dans les ténèbres ; mais avant, je veux que tu regardes ce pont de mon Fils unique, et que tu voies sa grandeur qui s'étend du ciel à la terre, car il comble la distance qui est entre l'infini et votre humanité, il unit le ciel et la terre par l'union que j'ai faite des deux natures. Il fallait bien rétablir la route qui était rompue, comme je te l'ai dit, afin que vous arriviez à la vie, et que vous traversiez les flots amers du monde. La terre ne pouvait suffire à ce grand travail, qui devait vous faire passer le fleuve et vous procurer la vie éternelle. La nature de l'homme était incapable de satisfaire à la faute, et d'effacer la souillure du péché d'Adam qui corrompait et infectait tout le genre humain ; il fallait l'unir à la grandeur de ma nature divine, afin qu'elle pût satisfaire pour tous les hommes ; il fallait que la nature humaine souffrît la peine, et que la nature divine unie à cette nature humaine acceptât le sacrifice de mon Fils qui m'était offert pour vous, pour vous délivrer de la mort et vous donner la vie. La grandeur de la Divinité s'abaissa jusqu'à la terre de votre humanité, et c'est cette union qui fit ce pont et rétablit la route. Pourquoi mon Fils s'est-il fait lui-même le chemin ? C'est pour que vous puissiez jouir de la vie éternelle avec les anges. Mais pour acquérir le bonheur, il ne suffit pas que mon Fils soit devenu un pont, il faut encore vous en servir. »

(*Dialogues*, XXII.)

EXERCICE 6. – UNE HEURE DE MÉDITATION DE LA PAROLE DE DIEU

Je consacre une heure entière à méditer seul, ou en groupe de partage, la parole de Dieu qui a été commentée durant l'enseignement : Genèse 3, 1-24 : la tentation ou comment nous sommes placés devant le bien… et le mal.

Jour choisi pour mon heure de méditation	

Quelques clés pour aider la méditation :

Clé 1. – **Prendre du temps.** Une heure. On ne médite pas en quelques minutes. Il faut du temps pour que l'esprit s'apaise, pour que nous soyons vraiment disponibles pour **écouter**.

Clé 2. – **Commencer par prier l'Esprit Saint :** c'est lui le père des pauvres que nous sommes ; c'est lui qui peut nous éclairer, nous aider, convertir notre intelligence.

Clé 3. – **Observer les situations concrètes :** Adam, Ève, le serpent, l'arbre, la perplexité d'Ève, d'Adam, le doute, le sentiment d'enfreindre la Loi. Observer aussi l'argumentation du serpent. Puis la honte d'Adam et Ève, l'innocence perdue, l'amour rompu et imaginer l'air désolé de Dieu (il s'agit d'un récit « mythique » qui a pour objet de nous faire réfléchir théologiquement).

Clé 4. – **En quoi ce texte éclaire-t-il ma vie**, mes activités, aujourd'hui ? Faire le lien avec l'exercice sur l'environnement.

Clé 5. – **Faire le lien avec la fin du Deutéronome :** on peut relire tout le chapitre XXX où se trouve la phrase clé : « J'ai mis devant toi la vie et la mort, la bénédiction et la malédiction. **Choisis la vie**, afin que tu vives, toi et ta descendance » (Dt 30, 19).

À la page suivant le texte, vous trouverez quelques commentaires pour aider à réfléchir.

LE BIEN OU LE MAL ? CHOISIS ! (Gn 3, 1-24)

1 Le serpent était le plus avisé de tous les animaux de la campagne
que le SEIGNEUR Dieu avait faits. Il dit à la femme : « Dieu a-t-il réel-
lement dit : "Vous ne mangerez pas de tous les arbres du jardin !" »
2 La femme dit au serpent : « Nous pouvons manger du fruit des
arbres du jardin. 3 Mais quant au fruit de l'arbre qui est au milieu du
jardin, Dieu a dit : "Vous n'en mangerez pas, vous n'y toucherez pas,
sinon vous mourrez !" » 4 Alors le serpent dit à la femme : « Pas du
tout ! Vous ne mourrez pas ! 5 Dieu le sait : le jour où vous en man-
gerez, vos yeux s'ouvriront et vous serez comme des dieux qui
connaissent ce qui est bon ou mauvais. » 6 La femme vit que l'arbre
était bon pour la nourriture et plaisant pour la vue, qu'il était, cet
arbre, désirable pour le discernement. Elle prit de son fruit et en
mangea ; elle en donna aussi à son mari qui était avec elle, et il en
mangea. 7 Leurs yeux à tous les deux s'ouvrirent, et ils surent qu'ils
étaient nus. Ils cousirent des feuilles de figuier pour se faire des
pagnes. 8 Alors ils entendirent le SEIGNEUR Dieu qui parcourait le jar-
din avec la brise du soir. L'homme et sa femme allèrent se cacher
parmi les arbres du jardin pour ne pas être vus par le SEIGNEUR Dieu.
9 Le SEIGNEUR Dieu appela l'homme ; il lui dit : « Où es-tu ? » 10 Il
répondit : « Je t'ai entendu dans le jardin et j'ai eu peur, parce que
j'étais nu ; je me suis donc caché. » [...] 22 Le SEIGNEUR Dieu dit :
« L'homme est devenu comme l'un de nous pour la connaissance de
ce qui est bon ou mauvais. Que maintenant il ne tende pas la main
pour prendre aussi de l'arbre de la vie, en manger et vivre toujours ! »
23 Le SEIGNEUR Dieu le renvoya du jardin d'Éden, pour qu'il cultive la
terre d'où il avait été pris. 24 Après avoir chassé l'homme, il posta, à
l'est du jardin d'Éden, les keroubim et l'épée flamboyante qui tour-
noie, pour garder le chemin de l'arbre de la vie.

Commentaires

Le serpent insinue le doute. Tout commence ainsi. L'insinuation renverse la proposition du Seigneur : « Il t'interdit de… », alors que le Seigneur avait dit : « Mange de *tous les arbres*, sauf l'arbre de la connaissance du bien et du mal… » Elle change le regard de l'homme. Il se sent « privé », alors qu'il est dans l'abondance. Volonté de puissance de l'homme. Nous sommes créateurs en tout sauf dans le bien et le mal, sinon nous sommes comme des dieux. Le bien nous est donné, il dépasse nos « choix ». Ce renversement de perspective : « Choisis ton bien », revient à dire : « Fais le mal ». C'est le sens de la tentation du serpent. Pensons-y lorsque nous sommes tentés de nous « arranger » avec le bien…

Verset 7. – La première découverte concerne la nudité, le rapport à l'autre. Ce qui était sans problème auparavant devient problématique. L'homme et la femme se sont masqués l'un à l'autre et ils se cachent de Dieu.

Verset 8. – Il y a une blessure par rapport au bien et au mal aujourd'hui chez nos contemporains. Se cacher devant Dieu, c'est une conséquence du refus de considérer qu'Il nous donne le Bien comme un cadeau. Méditons cela : beaucoup de nos contemporains fuient Dieu parce qu'ils définissent leur bien et leur mal, de manière individuelle, et que, même implicitement, ils ont honte du regard que le Seigneur pourrait porter sur eux.

Verset 22. – Tout l'enjeu du péché originel est la désobéissance sur ce qui fait de nous des *créatures*. La mort est nécessaire à l'homme parce que la violence est introduite dans le monde, le doute, la haine, la lutte, car chacun veut définir le bien comme il l'entend – et comme ne l'entend pas son voisin. Immortel, l'homme vivrait alors un enfer ! La mort le rappelle à sa condition, lui donne, en quelque sorte, une chance…

Verset 23-24. – Au jardin d'Éden, l'homme cultive la terre. Il participe à la création. Après la chute, il va cultiver le jardin « à la sueur de son front ». La femme enfantera « dans la douleur ». Tout va devenir difficile, car on juge le bien et le mal au lieu de se laisser porter par le bien donné par Dieu. On peut relier ainsi le thème du travail (acteurs de la création) et celui du bien commun.
Mais pourquoi l'arbre de vie est-il gardé par les keroubim ? Dieu le garde en vue du salut de l'homme. Car un jour, même la mort sera inutile. Quel peut être cet arbre de vie qui finalement réconciliera l'homme et Dieu ?

EXERCICE 7. – RÉCAPITULONS

Comme toujours, je fais le point sur ce que j'ai appris, vécu, compris, durant ce mois. Ce qui m'a permis de progresser. Ce qui m'a rendu meilleur. Ce qui a été difficile et sur quoi je dois encore travailler.

Je peux faire remonter une expérience ou une impression, au responsable de mon groupe de partage, qui pourra être dite lors de la prochaine rencontre, comme un témoignage de ce que j'ai reçu et, un encouragement pour mes frères et sœurs. Il est important de faire le point, de prendre ce temps. N'hésitons pas aussi à témoigner : c'est la meilleure façon de mûrir…

Un petit témoignage

« À chacun la manifestation de l'Esprit est donnée en vue du bien commun » (1 Co 12, 7). A chacun ? A toi donc aussi…

THÈME 3
L'USAGE JUSTE DE NOTRE PROPRIÉTÉ

Plan de l'enseignement
(durée sur le CD : 97'59)

I. La propriété, c'est ce qui relie les hommes à la création

1. Nous ne sommes pas de purs esprits, nous sommes reliés à la terre par des objets.

« Il lui dit : "Je suis le SEIGNEUR ; c'est moi qui t'ai fait quitter Our des Chaldéens pour te donner ce pays en possession." » (Gn 15, 7).

2. Notre relation à la propriété reflète notre relation avec Dieu.

« Donnez aux autres et Dieu vous donnera : on versera dans la grande poche de votre vêtement une bonne mesure, bien serrée et secouée, débordante. Dieu mesurera ses dons envers vous avec la mesure même que vous employez pour les autres » (Lc 6, 38).

II. La destination universelle des biens

1. Un principe fort de la Bible : les biens sont donnés pour le bien de tous.

Nous sommes les régisseurs de Dieu !

2. Propriété privée, condition de la responsabilité dans la création : l'opposition au collectivisme

3. Une différence essentielle : propriété privée, propriété privante

III. L'importance du dépouillement

1. Le dépouillement n'est pas une « bonne action », c'est une nécessité pour ne pas être arrêté dans notre marche.

« Voici dans quelle tenue on mangera ce repas : les vêtements serrés à la ceinture, les sandales aux pieds et le bâton à la main. On mangera rapidement. Telle sera la Pâque, célébrée pour moi, le Seigneur » (Ex 12, 11).

2. Propriété fertile, propriété futile

« Munissez-vous de bourses qui ne s'usent pas, amassez-vous des richesses dans les cieux, où elles ne disparaîtront jamais : les voleurs ne peuvent pas les y atteindre ni les vers les détruire. Car votre cœur sera toujours là où sont vos richesses » (Lc 12, 33-34).

3. La preuve du dépouillement juste, c'est l'amour.

« Quand je distribuerais tous mes biens, quand même je livrerais mon corps pour en tirer fierté, si je n'ai pas l'amour, cela ne me sert à rien » (1 Co 13, 3).

IV. Quelques pathologies

1. Manifester sa puissance par sa propriété : je suis ce que j'ai.

2. L'envie : réduire l'autre à sa propriété. Il est ce que je n'ai pas.

3. L'avarice ou la peur de manquer

4. L'achat compulsif et la « shopping thérapie »

IV. Le remède : mettre Jésus au cœur de notre avoir

Commentaire de Mc 20, 17-31.

VI. Pour aller plus loin : références

Catéchisme de l'Église catholique, n°s 2402-2406.
Compendium de la doctrine sociale de l'Église, Ire partie, chap. IV, section III (n°s 171-184) ; IIe partie, chap. VI, section I, n° 258 ; chap. VII, section I (n°s 323-329).

VOUS POUVEZ ICI PRENDRE DES NOTES EN ÉCOUTANT L'ENSEIGNEMENT AUDIO.

PREMIÈRE SÉRIE D'EXERCICES

Pour les deux semaines qui viennent, vous êtes invités à faire 7 exercices.

EXERCICE 1. – **RÉGISSEUR AU NOM DU SEIGNEUR**

EXERCICE 2. – **PROPRIÉTÉ FERTILE, PROPRIÉTÉ FUTILE**

EXERCICE 3. – **SUR LE DÉPOUILLEMENT**

EXERCICE 4. – **SUR LA PEUR DE MANQUER**

EXERCICE 5. – **SUR L'ENVIE**

EXERCICE 6. – **VERS L'UNITÉ**

EXERCICE 7. – **RÉCAPITULONS**

Il faut dès à présent noter sur votre agenda les 7 dates réservées pour faire les exercices.

RÉFLEXE AGENDA !

EXERCICE 1. – RÉGISSEUR AU NOM DU SEIGNEUR

EN DÉBUT DE JOURNÉE (10 minutes). – Ma relation à la propriété reflète ma relation avec Dieu. Aujourd'hui, je vais prendre conscience que je suis ancré dans le monde par les objets que je possède : maison, voiture, meubles, livres, vêtements, objets de décoration, etc.

Parole du jour

> « À quiconque il a été beaucoup donné, il sera beaucoup demandé ; de celui à qui on a beaucoup confié, on exigera davantage. »

Exercice du jour. – Je choisis un moment de la journée pour réfléchir à un certain nombre de choses que je possède dont l'usage dépend de moi (je peux écrire une petite liste, non exhaustive évidemment, pour en prendre conscience).

Je prie l'Esprit Saint en le remerciant de m'avoir fait naître dans cette société d'abondance, non seulement parce que j'en suis bénéficiaire, mais aussi parce que cela me rend responsable.

EXAMEN DU SOIR (15 minutes). – Quel est mon rapport personnel avec la propriété ? Ai-je plutôt une attitude de mépris pour les biens ou, au contraire, est-ce que je les considère comme indispensables à mon équilibre personnel ? Qu'est-ce que cela veut dire, pour moi, être « régisseur des biens du Seigneur » ? Je prends un moment pour réfléchir à cela (le tableau ci-contre peut m'y aider).

Au coucher... Je remercie le Seigneur parce qu'il a confiance en moi comme en son régisseur. Je termine en lisant Luc 12, 36-44.

MES NOTES DE CE JOUR

La propriété et moi

Est-ce qu'au fond de moi, je méprise la propriété, je la considère comme un obstacle au salut ?	
Si oui, d'où me vient ce sentiment ?	
Est-ce que le mépris de la propriété n'est pas un refus de ma responsabilité dans l'usage des objets que je possède ?	
Dans quels cas l'attachement à la propriété peut-il effective- ment être un obstacle au salut ? Je donne des exemples personnels.	
Dans quels cas la gestion de ma propriété participe-t-elle à l'œuvre de création ? Exemples personnels.	

Quelle est la principale qualité d'un régisseur ? (une seule réponse, à comparer avec le groupe de partage)	

EXERCICE 2. – PROPRIÉTÉ FERTILE, PROPRIÉTÉ FUTILE

EN DÉBUT DE JOURNÉE (10 minutes). – Aujourd'hui, je fais le point sur ce que je possède… et sur **ce qui me possède…** Qu'y a-t-il de fertile, c'est-à-dire quels sont les objets qui me permettent de participer à l'œuvre de création et quels sont ceux qui au contraire m'encombrent, **m'alourdissent ?**

Parole du jour

« Car votre cœur sera toujours là où sont vos richesses. »

Exercice du jour. – Je prends un engagement : donner les vêtements que je n'ai pas mis depuis plus d'un an (on peut choisir un autre type d'objets, comme des livres que je n'ai pas ouverts ou des disques que je n'écoute jamais, etc.). Ils ne me sont vraisemblablement pas utiles et peuvent l'être à d'autres. Je prends quelques minutes pour décider comment mettre en œuvre cette résolution.

Je prie l'Esprit Saint pour qu'il me donne un cœur généreux.

EXAMEN DU SOIR (15 minutes). – Je fais le point sur la part de propriété futile et de propriété fertile chez moi. Le tableau ci-contre peut m'aider : quels sont les objets (ou propriétés) que j'utilise souvent ou rarement, d'autre part quels sont les objets qui créent ou non des relations avec les autres ? Il ne s'agit pas d'être exhaustif, mais de donner suffisamment d'exemples pour apprendre à faire le tri !

Au coucher… Je prie l'Esprit Saint pour qu'il me donne la joie de donner. Je termine en lisant Luc 12, 15-34.

MES NOTES DE CE JOUR

	J'utilise souvent	**J'utilise rarement**
Exemples d'objets qui créent des relations avec les autres	Propriété fertile	
Les objets qui ne créent aucune relation	Propriété futile	

EXERCICE 3. – SUR LE DÉPOUILLEMENT

EN DÉBUT DE JOURNÉE (10 minutes). – Aujourd'hui, je vais observer comment je vis le dépouillement. Me rend-il heureux ou angoissé ? Est-ce que j'ai tendance à culpabiliser de « ne pas arriver » au « vrai » dépouillement ? Dès ce matin, je prends conscience que Dieu est amour, il veut mon bien, et ne me demande rien qui me soit impossible. C'est de lui seul que vient la force du dépouillement.

Parole du jour

> « Ils dévorent les maisons des veuves et, pour l'apparence, ils font de longues prières. Ils recevront un jugement particulièrement sévère. »

Exercice du jour. – Je vais passer la journée en communion avec un saint dont le dépouillement est pour moi un exemple : saint François, Charles de Foucauld ou sainte Thérèse. À plusieurs reprises, dans la journée, je lui offre mon activité simplement.

Je prie le Seigneur de m'éclairer sur les besoins de chacun de ceux qu'il m'a confiés comme famille, comme amis, pour que j'aie un vrai désir de les connaître.

EXAMEN DU SOIR (15 minutes). – Se dépouiller, c'est rarement un appel radical à la misère, mais c'est toujours une demande exigeante pour posséder **comme si on ne possédait pas :** on devient alors véritablement régisseur au nom du Seigneur. Le signe du dépouillement authentique est le **bonheur de donner**. Ce soir, je fais le point sur ma façon d'appréhender le dépouillement en examinant un geste tout simple : faire l'aumône.

Au coucher... En communion profonde avec le saint qui m'a accompagné durant la journée, je prie le Seigneur pour qu'il m'ouvre à la compréhension intime du lien entre le dépouillement et l'amour. Je termine en lisant Marc 12, 38-44.

MES NOTES DE CE JOUR

En général, pourquoi est-ce que je fais l'aumône ?	Parce que je culpabilise de posséder face à ceux qui ne possèdent pas ?	
	Parce que c'est un devoir de donner lorsque l'on possède ?	
	Pour rendre heureuse la personne à laquelle je donne ?	
Qu'est-ce que je donne le plus volontiers ?	De l'argent ?	
	Du temps pour parler ?	
	Des objets qui ne me sont plus utiles ?	
	Ce qui fait plaisir même si c'est quelque chose que garderais bien pour moi ?	
Finalement, est-ce que je suis heureux quand je fais l'aumône ?		
Est-ce que c'est, pour moi, un geste de dépouillement ?		

EXERCICE 4. – SUR LA PEUR DE MANQUER

EN DÉBUT DE JOURNÉE (10 minutes). – Aujourd'hui, je vais observer comment je succombe à la peur de manquer. Cela peut commencer par quelque chose de très simple : par exemple, pas de petit déjeuner ce matin ! Je commence par **sourire** de tout ce qui peut sembler me manquer dans notre société… d'abondance.

Parole du jour

> « Il réfléchissait et se demandait : Que vais-je faire ? Je n'ai pas de place où amasser toutes mes récoltes. »

Exercice du jour. – Aujourd'hui, je vais me passer volontairement de quelque chose dont j'ai souvent peur de manquer, en l'offrant à Jésus, comme un cadeau. Je choisis dès ce matin ce petit sacrifice.

Je loue le Seigneur pour cette parole : en lui, je ne manque de rien.

EXAMEN DU SOIR (15 minutes). – Je fais le point sur ce dont j'ai peur de manquer. Cela peut être de la nourriture, des vêtements, des livres… Je porte un regard particulier sur ce que j'accumule, entasse, collectionne ou conserve – ou simplement ce que j'achète… pour me rassurer. En quoi cela participe-t-il à l'œuvre de création ? Je fais un effort pour imaginer ma vie libérée de cette peur de manquer.

Au coucher… Je remercie le Seigneur pour la liberté qu'il me donne de pouvoir me regarder comme il me regarde. Je termine en lisant Luc 12, 16-21.

MES NOTES DE CE JOUR

Quels sont les objets que j'entasse ou j'amasse par peur de manquer ?	
De quoi me protègent mes propriétés ?	
Comment serait ma vie si je me libérais de cette peur de manquer ?	

EXERCICE 5. – SUR L'ENVIE

EN DÉBUT DE JOURNÉE (10 minutes). – Aujourd'hui, je vais observer comment l'envie s'insinue en moi. L'envie me conduit souvent à désirer des biens matériels... parce que les autres semblent les désirer, ou parce que je désire être comme les autres.

Parole du jour

> « Cessons de nous provoquer les uns les autres, de nous porter envie les uns aux autres. »

Exercice du jour. – Deux fois dans la journée, je récite trois *Ave Maria* pour des personnes que je connais qui succombent aux achats frénétiques, à la « shopping thérapie » ; je demande au Seigneur de venir dans leur cœur leur apporter le vrai réconfort dont ils ont besoin.

Je rends grâce au Seigneur parce que même (et surtout) si je suis tombé dans ce piège, je prends conscience joyeusement de la liberté que me donne le Seigneur par rapport à cela !

EXAMEN DU SOIR (15 minutes). – Quelle fragilité en moi me conduit, parfois, à compenser mes manques par l'acquisition frénétique de biens matériels ? En quoi cela me rassure-t-il ? Le Seigneur ne me demande pas de ne rien posséder, mais d'être **responsable de ce que je possède** : dans ces moments de fragilité, pourquoi ne pas orienter mes désirs vers... l'acquisition... d'une propriété « fertile » ?

Au coucher... Je demande au Seigneur une société qui respecte l'homme, pas les objets. Je termine en lisant Galates 5, 16-26.

MES NOTES DE CE JOUR

Quelques exemples d'occasions où je veux acquérir des biens parce qu'ils semblent désirés par d'autres (vêtements à la mode, nouvelle voiture, objets de collection, repas somptueux, etc.)	
Dans quelle fragilité suis-je généralement dans ces moments (travail, fatigue, désir de plaire) ?	
En quoi l'acquisition ou la dépense de ces biens matériels me rassure-t-elle, me rend-elle euphorique ?	
Dans ces moments de fragilité, comment pourrais-je faire pour orienter plutôt mes désirs vers l'acquisition de biens matériels « fertiles », c'est-à-dire utiles dans mes relations avec les autres ? J'imagine **un « truc » personnel (à partager)** pour m'aider.	

EXERCICE 6. – VERS L'UNITÉ

EN DÉBUT DE JOURNÉE (15 minutes). – Je commence à faire le lien entre ce que je découvre durant ce parcours. En particulier, le lien entre la destination universelle des biens et le bien commun.

Parole du jour

> « Les foules l'interrogeaient : Que devons-nous donc faire ? Il leur répondait : "Que celui qui a deux tuniques partage avec celui qui n'en a pas, et que celui qui a de quoi manger fasse de même." »

EXERCICE DU JOUR. – C'est simple : à la page suivante, il y a dix vignettes qui font référence aux trois premiers enseignements. Le jeu, c'est de les relier ensemble par des flèches (autant qu'on veut).

Je prie l'Esprit Saint pour qu'il me vienne en aide, car j'ai besoin de la lumière de Dieu pour faire l'unité dans ma vie.

EXAMEN DU SOIR (10 minutes). – tre gestionnaire pour le compte du Seigneur… Et si je prenais une résolution en ce sens pour marquer une étape…

Au coucher… Je remercie le Seigneur car je sais que, petit à petit, je vais faire l'unité dans ma vie. Et que son amour me guide. Je termine en lisant Luc 3, 10-16.

MES NOTES DE CE JOUR

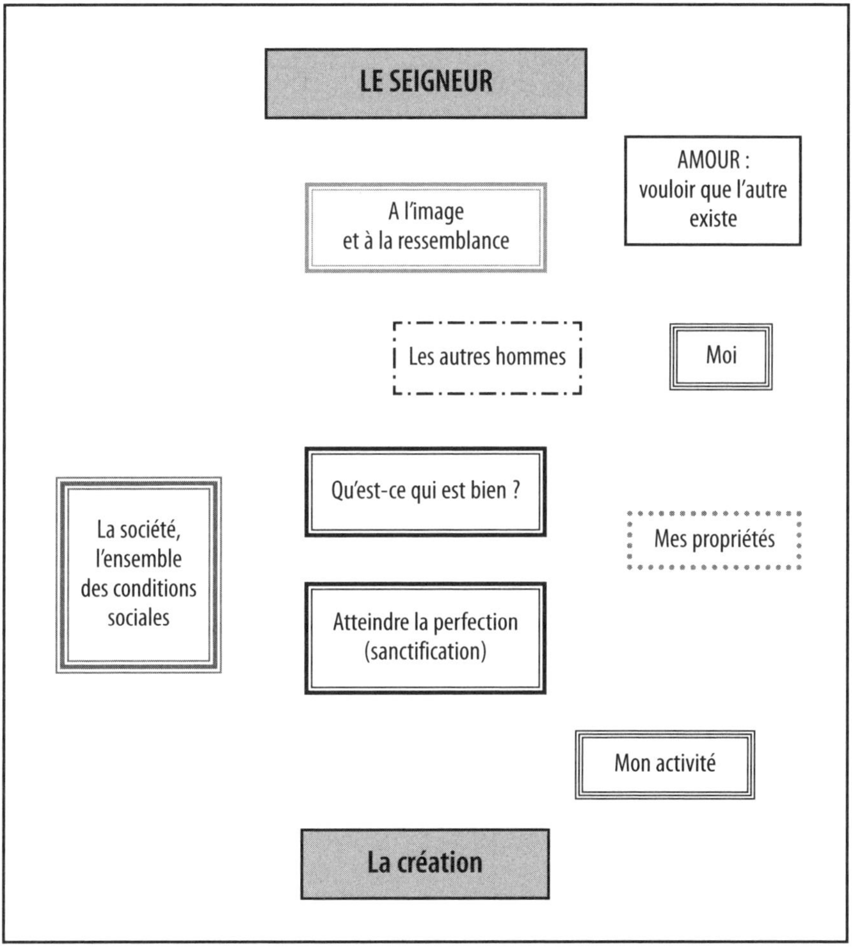

Les onze termes mentionnés ci-dessus font référence à un moment important de notre parcours. Nous commençons à faire l'unité dans ce que nous apprenons. Le jeu consiste à réfléchir, crayon en main, pour tracer des liens entre les rectangles. Cela nous permet de commencer à voir la cohérence d'ensemble de « la boussole ». Nous y reviendrons bientôt !

EXERCICE 7. – RÉCAPITULONS

EN DÉBUT DE JOURNÉE (10 minutes). – Aujourd'hui est un jour de récapitulation. Je prépare l'échange en groupe de partage sur ces quinze premiers jours. Je fais le point en reprenant toutes mes notes. Je peux y penser durant la journée, et ce soir je mettrai tout cela au clair. Qu'ai-je appris durant ces jours ?

Parole du jour

« Tous les croyants étaient ensemble et avaient tout en commun. »

Prière. – Seigneur, tu ne veux pas seulement que je participe à la création, tu veux aussi que je sois ton régisseur fidèle. Tout ce que j'ai me sera repris. Mais je serai heureux de pouvoir te dire : « Voici les biens que tu m'as confiés, je ne les ai usés que pour toi, et c'est dépouillé de tout cela que je te rencontre à présent. »

Je prends des notes pour pouvoir témoigner en groupe de partage à partir des exercices :

1) sur ce que j'ai appris ;

2) sur ce qui était important ;

3) sur ce qui était difficile.

Et encore et toujours, je remercie le Seigneur d'être venu chez moi.

Je termine en relisant les Actes des Apôtres, 2, 40-46.

MES NOTES POUR CETTE PREMIÈRE SÉRIE D'EXERCICES

DEUXIÈME SÉRIE D'EXERCICES

Pour les deux semaines qui viennent, vous êtes invités à faire les 7 exercices.

EXERCICE 1 ET 2. – **REVENIR SUR DES EXERCICES DE LA PREMIÈRE SÉRIE**

EXERCICE 3. – **OBSERVER NOTRE ENVIRONNEMENT**

EXERCICE 4. – **CONNAITRE LE MAGISTÈRE**

EXERCICE 5. – **UNE HEURE D'ADORATION**

EXERCICE 6. – **UNE HEURE DE MÉDITATION DE LA PAROLE DE DIEU**

EXERCICE 7. – **RÉCAPITULONS**

Pour préparer les deux semaines de travail qui viennent, parcourez rapidement les exercices de la deuxième série. Vous avez le choix de les réaliser selon l'ordre que vous préférez. Ne vous en privez pas. Mais n'oubliez pas : il faut, dès à présent, noter sur votre agenda, les 7 dates réservées pour faire les exercices.

RÉFLEXE AGENDA !

EXERCICES 1 ET 2. – REVENIR SUR DEUX EXERCICES DE LA PREMIÈRE SÉRIE

Il y a sûrement des points abordés dans la première série que vous n'avez pas assez approfondis ou que vous aimeriez revoir. On vous propose de choisir de refaire **deux exercices**, en notant bien le point particulier que vous aimeriez travailler. Vous pouvez choisir ces exercices seul ou, mieux, à l'issue de la discussion avec votre groupe de partage.

Point que j'aimerais approfondir	Exercice de la première série à refaire

N'oubliez pas de fixer des jours pour les faire, sans quoi cela ne se fera jamais !

RÉFLEXE AGENDA !

EXERCICE 3. – OBSERVER NOTRE ENVIRONNEMENT

Choisissons sur le calendrier de ces prochaines semaines un jour pour approfondir notre regard sur le monde, sur la façon dont **notre société voit la propriété** et le fait d'être propriétaire : entre jugement négatif et indifférence hypocrite. À la fin des exercices, terminons nos réflexions par une prière de confiance et d'espérance. Ne soyons pas dans le jugement et l'amertume, mais dans la confiance dans l'œuvre du Seigneur partout et pour tous.

EN DÉBUT DE JOURNÉE (10 minutes). – Aujourd'hui, je vais observer comment on parle de la propriété **dans la publicité**. La publicité est partout, elle construit l'image de l'homme propriétaire et nous influence beaucoup. Souvenons-nous que l'on impute en partie l'effondrement de l'U.R.S.S. au fait que les Russes regardaient la télévision occidentale, donc les publicités, et qu'ils imaginaient que la vie quotidienne était vraiment comme le dit la pub ! Bonne raison pour prendre conscience de la manière dont nous sommes, nous-mêmes, tributaires de la façon dont elle invente un monde artificiel et, en particulier, nous fait désirer et percevoir la propriété.

Parole du jour

> « Car votre cœur sera toujours là où sont vos richesses » *(Luc 12, 15-34)*.

Exercice du jour. – Je repère des publicités à la télévision, dans les journaux, etc. Elles nous invitent à acheter, à devenir propriétaires. Mais quelle image de la propriété donne-t-elle : fertile, futile, privante, privée ? Je repère quelle idée de l'homme propriétaire elle construit. Je peux faire un classement de quelques publicités que j'ai observées, selon le tableau ci-contre.

Pour la publicité, devenir propriétaire c'est :

	EXEMPLES
Un moyen d'aider les autres	
Un moyen de vivre confortablement	
Un moyen de satisfaire un désir	
Un moyen d'acquérir de la puissance	

Quelle image de « l'homme propriétaire » en résulte-t-il ? En quoi cela peut-il atteindre nos représentations ou celles des plus faibles, comme les enfants ?

Je prie l'Esprit Saint afin qu'il me donne son « esprit de vérité ». Et je me réjouis de cette parole de l'Évangile « Le maître lui dit : C'est bien ! Tu es un bon serviteur, digne de confiance ! Tu as été digne de confiance pour une petite affaire, je te confierai de grandes responsabilités ; entre dans la joie de ton maître » (Matthieu 25, 21-22).

EXERCICE 4. – CONNAÎTRE LE MAGISTÈRE

Dans *Centesimus annus* (1991) Jean-Paul II célèbre le centenaire de la première grande encyclique sociale, celle de Léon XIII *Rerum novarum* (1891). C'est une occasion de faire le point sur le rôle de la propriété dans la vie sociale.

Jean Paul II, encyclique *Centesimus annus*, 1991
Titre IV, n°s 30-35 (extraits, les notes sont omises)

IV. LA PROPRIÉTÉ PRIVÉE ET LA DESTINATION UNIVERSELLE DES BIENS

30. Dans l'encyclique *Rerum novarum*, Léon XIII affirmait avec force, contre le socialisme de son temps, le caractère naturel du droit à la propriété privée, et il s'appuyait sur divers arguments. Ce droit, fondamental pour l'autonomie et le développement de la personne, a toujours été défendu par l'Église jusqu'à nos jours. L'Église enseigne de même que la propriété des biens n'est pas un droit absolu mais comporte, dans sa nature même de droit humain, ses propres limites.

Tandis qu'il proclamait le droit à la propriété privée, le Pape affirmait avec la même clarté que l'« usage » des biens, laissé à la liberté, est subordonné à leur destination originelle commune de biens créés et aussi à la volonté de Jésus-Christ, exprimée dans l'Évangile. Il écrivait en effet : « Les fortunés de ce monde sont avertis qu'ils doivent trembler devant les menaces inusitées que Jésus profère contre les riches ; qu'enfin il viendra un jour où ils devront rendre à Dieu, leur juge, un compte très rigoureux de l'usage qu'ils auront fait de leur fortune » ; et, citant saint Thomas d'Aquin, il ajoutait : « Mais si l'on demande en quoi il faut faire consister l'usage des biens, l'Église répond sans hésitation : À ce sujet, l'homme ne doit pas tenir les choses extérieures pour privées, mais pour communes », car « au-dessus des jugements de l'homme et de ses lois, il y a la loi et le jugement de Jésus-Christ ».

Les successeurs de Léon XIII ont repris cette double affirmation : la nécessité et donc la licéité de la propriété privée, et aussi les limites dont elle est grevée. Le Concile Vatican II a également proposé la doctrine traditionnelle dans des termes qui méritent d'être cités littéralement : « L'homme, dans l'usage qu'il fait de ses biens, ne doit jamais tenir les choses qu'il possède légitimement comme n'appartenant qu'à lui, mais les regarder aussi comme communes, en ce sens qu'elles puissent profiter non seulement à lui, mais aussi aux autres ». Et un peu plus loin : « La propriété privée ou un certain pouvoir sur les biens extérieurs assurent à chacun une zone indispensable d'autonomie personnelle et familiale ; il faut les regarder comme un prolongement de la liberté humaine. De par sa nature même, la propriété privée a aussi un caractère social, fondé dans la loi de commune destination des biens ». J'ai repris la même doctrine d'abord dans le discours d'ouverture de la IIIe Conférence de l'épiscopat latino-américain à Puebla, puis dans les encycliques *Laborem exercens* et, plus récemment, *Sollicitudo rei socialis*.

31. Lorsqu'on relit dans le contexte de notre temps cet enseignement sur le droit à la propriété et la destination commune des biens, on peut se poser la question de l'origine des biens qui soutiennent la vie de l'homme, qui satisfont à ses besoins et qui sont l'objet de ses droits.

La première origine de tout bien est l'acte de Dieu lui-même qui a créé la terre et l'homme, et qui a donné la terre à l'homme pour qu'il la maîtrise par son travail et jouisse de ses fruits (cf. Gn 1, 28-29). Dieu a donné la terre à tout le genre humain pour qu'elle fasse vivre tous ses membres, sans exclure ni privilégier personne. C'est là *l'origine de la destination universelle des biens de la terre*. En raison de sa fécondité même et de ses possibilités de satisfaire les besoins de l'homme, la terre est le premier don de Dieu pour la subsistance humaine. Or, elle ne produit pas ses fruits sans une réponse spécifique de l'homme au don de Dieu, c'est-à-dire sans le travail. Grâce à son travail, l'homme, utilisant son intelligence et sa liberté, parvient à la dominer et il en fait la demeure qui lui convient. Il s'approprie ainsi une partie de la terre, celle qu'il s'est acquise par son travail. C'est là *l'origine de la propriété individuelle*. Évidemment, il a aussi la responsabilité de ne pas empêcher que d'autres hommes disposent de leur part du don de Dieu ; au contraire, il doit collaborer avec eux pour dominer ensemble toute la terre.

Dans l'histoire, ces deux facteurs, *le travail* et *la terre*, se retrouvent toujours au principe de toute société humaine ; cependant ils ne se situent pas toujours dans le même rapport entre eux. Il fut un temps où *la fécondité naturelle de la terre* paraissait être, et était effectivement, le facteur principal de la richesse, tandis que le travail était en quelque sorte l'aide et le soutien de cette fécondité. En notre temps, *le rôle du travail humain* devient un facteur toujours plus important pour la production des richesses immatérielles et matérielles ; en outre, il paraît évident que le travail d'un homme s'imbrique naturellement dans celui d'autres hommes. Plus que jamais aujourd'hui, travailler, c'est *travailler avec les autres* et *travailler pour les autres* : c'est faire quelque chose pour quelqu'un. Le travail est d'autant plus fécond et productif que l'homme est plus capable de connaître les ressources productives de la terre et de percevoir quels sont les besoins profonds de l'autre pour qui le travail est fourni.

32. Mais, à notre époque, il existe une autre forme de propriété et elle a une importance qui n'est pas inférieure à celle de la terre : c'est *la propriété de la connaissance, de la technique et du savoir*. La richesse des pays industrialisés se fonde bien plus sur ce type de propriété que sur celui des ressources naturelles.

On a fait allusion au fait que *l'homme travaille avec les autres hommes*, prenant part à un « travail social » qui s'étend dans des cercles de plus en plus larges. En règle générale, celui qui produit un objet le fait, non seulement pour son usage personnel, mais aussi pour que d'autres puissent s'en servir après avoir payé le juste prix, convenu d'un commun accord dans une libre négociation. Or, la capacité de connaître en temps utile les besoins des autres hommes et l'ensemble des facteurs de production les plus aptes à les satisfaire, c'est précisément une autre source importante de richesse dans la société moderne. Du reste, beaucoup de biens ne peuvent être produits de la manière qui convient par le travail d'un seul individu, mais ils requièrent la collaboration de nombreuses personnes au même objectif. Organiser un tel effort de production, planifier sa durée, veiller à ce qu'il corresponde positivement aux besoins à satisfaire en prenant les risques nécessaires, tout cela constitue aussi une source de richesses dans la société actuelle. Ainsi devient toujours plus évident et déterminant *le rôle du travail humain* maîtrisé et créatif et, comme part essentielle de ce travail, celui *de la capacité d'initiative et d'entreprise.*

Il faut considérer avec une attention favorable ce processus qui met en lumière concrètement un enseignement sur la personne que le christianisme a constamment affirmé. En effet, avec la terre, la principale ressource de *l'homme, c'est l'homme lui-même*. C'est son intelligence qui lui fait découvrir les capacités productives de la terre et les multiples manières dont les besoins humains peuvent être satisfaits. C'est son travail maîtrisé, dans une collaboration solidaire, qui permet la création de *communautés de travail* toujours plus larges et sûres pour accomplir la transformation du milieu naturel et du milieu humain lui-même. Entrent dans ce processus d'importantes vertus telles que l'application, l'ardeur au travail, la prudence face aux risques raisonnables à prendre, la confiance méritée et la fidélité dans les rapports interpersonnels, l'énergie dans l'exécution de décisions difficiles et douloureuses mais nécessaires pour le travail commun de l'entreprise et pour faire face aux éventuels renversements de situations.

L'économie moderne de *l'entreprise* comporte des aspects positifs dont la source est la liberté de la personne qui s'exprime dans le domaine économique comme en beaucoup d'autres. En effet, l'économie est un secteur parmi les multiples formes de l'activité humaine, et dans ce secteur, comme en tout autre, le droit à la liberté existe, de même que le devoir d'en faire un usage responsable. Mais il importe de noter qu'il y a des différences caractéristiques entre ces tendances de la société moderne et celles du passé même récent. Si, autrefois, le facteur décisif de la production était *la terre*, et si, plus tard, c'était *le capital*, compris comme l'ensemble des machines et des instruments de production, aujourd'hui le facteur décisif est de plus en plus *l'homme lui-même*, c'est-à-dire sa capacité de connaissance qui apparaît dans le savoir scientifique, sa capacité d'organisation solidaire et sa capacité de saisir et de satisfaire les besoins des autres.

33. On ne peut toutefois omettre de dénoncer les risques et les problèmes liés à ce type d'évolution. En effet, de nombreux hommes, et sans doute la grande majorité, ne disposent pas aujourd'hui des moyens d'entrer, de manière efficace et digne de l'homme, à l'intérieur d'un système d'entreprise dans lequel le travail occupe une place réellement centrale. Ils n'ont la possibilité ni d'acquérir les connaissances de base qui permettent d'exprimer leur créativité et de développer leurs capacités, ni d'entrer dans le réseau de connaissances et d'intercommunications qui leur permettraient de voir apprécier et utiliser leurs qualités. En somme, s'ils ne sont pas exploités, ils sont sérieusement marginalisés ; et le développement économique se poursuit, pour ainsi dire, au-dessus de leur tête, quand il ne va pas jusqu'à restreindre le champ déjà étroit de leurs anciennes économies de subsistance. Incapables de résister à la concurrence de produits obtenus avec des méthodes nouvelles et répondant aux besoins qu'ils satisfaisaient antérieurement dans le cadre d'organisations traditionnelles, alléchés par la splendeur d'une opulence inaccessible pour eux, et en même temps pressés par la nécessité, ces hommes peuplent les villes du Tiers-Monde où ils sont souvent déracinés culturellement et où ils se trouvent dans des situations précaires qui leur font violence, sans possibilité d'intégration. On ne reconnaît pas en fait leur dignité ni leurs capacités humaines positives, et, parfois, on cherche à éliminer leur présence du cours de l'histoire en leur imposant certaines formes de contrôle démographique contraires à la dignité humaine.

34. Il semble que, à l'intérieur de chaque pays comme dans les rapports internationaux, *le marché libre* soit l'instrument le plus approprié pour répartir les ressources et répondre efficacement aux besoins. Toutefois, cela ne vaut que pour les besoins « solvables »,

parce que l'on dispose d'un pouvoir d'achat, et pour les ressources qui sont « vendables », susceptibles d'être payées à un juste prix. Mais il y a de nombreux besoins humains qui ne peuvent être satisfaits par le marché. C'est un strict devoir de justice et de vérité de faire en sorte que les besoins humains fondamentaux ne restent pas insatisfaits et que ne périssent pas les hommes qui souffrent de ces carences. En outre, il faut que ces hommes dans le besoin soient aidés à acquérir des connaissances, à entrer dans les réseaux de relations, à développer leurs aptitudes pour mettre en valeur leurs capacités et leurs ressources personnelles. Avant même la logique des échanges à parité et des formes de la justice qui les régissent, il y a *un certain dû à l'homme parce qu'il est homme*, en raison de son éminente dignité. Ce *dû* comporte inséparablement la possibilité de survivre et celle d'apporter une contribution active au bien commun de l'humanité.

Les objectifs énoncés par *Rerum novarum* pour éviter de ramener le travail de l'homme et l'homme lui-même au rang d'une simple marchandise gardent toute leur valeur dans le contexte du Tiers-Monde, et, dans certains cas, ils restent encore un but à atteindre : un salaire suffisant pour faire vivre la famille, des assurances sociales pour la vieillesse et le chômage, une réglementation convenable des conditions de travail.

35. Tout cela constitue *un champ d'action vaste* et fécond *pour l'engagement et les luttes*, au nom de la justice, des syndicats et des autres organisations de travailleurs qui défendent les droits de ces derniers et protègent leur dignité, alors qu'ils remplissent en même temps une fonction essentielle d'ordre culturel, en vue de les faire participer de plein droit et honorablement à la vie de la nation et de les aider à progresser sur la voie de leur développement.

Lire la suite… cela en vaut la peine ! (Toutes les encycliques sont disponibles sur le site du Vatican www.vatican.va)

MES NOTES DE CE JOUR

MES NOTES DE CE JOUR

EXERCICE 5. – UNE HEURE D'ADORATION

Jour choisi pour mon heure d'adoration	

En présence réelle du Seigneur, offrons-lui tout ce que nous avons reçu durant ces jours de méditation, de travail et de prière sur le thème de « **l'usage juste de notre propriété** ».
Pour nous aider, nous allons méditer sur **Jésus au contact des riches.** À plusieurs reprises, dans l'Évangile, on voit Jésus rencontrer ou avoir pour disciples des riches : Zachée, le « jeune homme riche », Joseph d'Arimathie, etc. Il partage même parfois son repas avec des riches dont la fortune n'est pas toujours claire, les publicains (Marc 2, 13-17).
Devant toi, Jésus présent, je veux imaginer comment tu t'intéresses à ces **personnes.** Que leur dis-tu ? Comment leur parles-tu ? Que cherches-tu à obtenir d'eux, toi qui as dit : « Ce ne sont pas les bien portants qui ont besoin de médecin, mais les malades » (Marc 2, 17).
Je peux imaginer des **discours différents**, selon les personnes, leur état de vie, leurs capacités. De l'un (Zachée) tu obtiens qu'il « donne aux pauvres la moitié de ses biens » (Luc 19, 8). À l'autre, tu demandes : « Vends tout ce que tu possèdes, donne-le aux pauvres. Puis viens et suis-moi » (Matthieu 19, 21).

En ta présence, je médite sur la relation **personnelle** et sur l'ajustement de ton attente aux capacités et aux devoirs de chacun. Qu'as-tu dit à Zachée ? Peut-être quelque chose comme le texte de Clément d'Alexandrie ? En ta présence, Jésus, je peux méditer en particulier sur ce que fut **ta rencontre personnelle avec Zachée.**

DANS LA COMMUNION DES SAINTS…
AVEC CLÉMENT D'ALEXANDRIE

Clément d'Alexandrie, Père de l'Église et théologien du IIIe siècle (150 - env. 215), est l'un des premiers à développer une philosophie chrétienne dans la traduction de la philosophie grecque.

« Il ne faut pas rejeter les biens susceptibles d'aider notre prochain. La nature des possessions est d'être possédées ; celle des biens est de répandre le bien ; Dieu les a destinés au bien-être des hommes. Les biens sont entre nos mains comme des outils, des instruments dont on tire un bon emploi si on sait les manier… La nature a fait de la richesse une servante, non une maîtresse. Il ne faut donc pas la décrier, puisqu'elle n'est en soi ni bonne ni mauvaise, mais parfaitement innocente. De nous seuls dépend l'usage, bon ou mauvais, que nous en ferons : notre esprit, notre conscience sont entièrement libres de disposer à leur guise des biens qui leur ont été confiés. Détruisons donc, non pas nos biens, mais les convoitises qui en pervertissent l'usage. Lorsque nous serons devenus honnêtes, alors nous saurons en user honnêtement. Ces biens dont on nous dit de nous défaire, comprenons bien que ce sont les désirs déréglés de l'âme… Vous ne gagnez rien à vous appauvrir de votre argent, si vous demeurez riches de désirs déréglés…

Voilà comment le Seigneur conçoit l'usage des biens extérieurs : nous devons nous défaire non pas d'un argent qui nous fait vivre, mais des forces qui nous en font mal user, c'est-à-dire les maladies de l'âme… Il faut purifier notre âme c'est-à-dire la rendre pauvre et nue et écouter en cet état l'appel du Sauveur : "Viens, suis-moi." Il est la voie où marche celui qui a le cœur pur… Celui-ci considère sa fortune, son or, son argent, ses maisons comme des grâces de Dieu, et lui témoigne sa reconnaissance en secourant les pauvres de ses propres fonds. Il sait qu'il possède ces biens plus pour ses frères que pour lui-même ; il reste plus fort que ses richesses, bien loin d'en devenir l'esclave ; il ne les enferme pas en son âme… Et si un jour son argent vient à disparaître, il accepte sa ruine d'un cœur aussi joyeux qu'aux plus beaux jours. Cet homme, dis-je, Dieu le déclare bienheureux et l'appelle "pauvre en esprit" (Mt 5, 3), héritier assuré du Royaume des cieux qui sera fermé à ceux qui n'auront pas pu se passer de leur opulence. » *(Homélie « Quel riche peut être sauvé ? »)*

EXERCICE 6. – UNE HEURE DE MÉDITATION DE LA PAROLE DE DIEU

Je consacre une heure entière à méditer seul, ou en groupe de partage, la parole de Dieu qui a été commentée durant l'enseignement : Marc 10, 17-31, le fameux épisode du « jeune homme riche », que l'on interprète souvent comme un éloge de la pauvreté, alors qu'il s'agit d'une exigence de dépouillement… ce qui n'est pas la même chose.

Jour choisi pour mon heure de méditation	

Quelques clés pour aider la méditation :

Clé 1. – **Prendre du temps.** Une heure. On ne médite pas en quelques minutes. Il faut du temps pour que l'esprit s'apaise, pour que nous soyons vraiment disponibles pour **écouter.**

Clé 2. – **Commencer par prier l'Esprit Saint :** c'est lui le père des pauvres que nous sommes ; c'est lui qui peut nous éclairer, nous aider, convertir notre intelligence.

Clé 3. – **Observer les situations concrètes :** Un homme qui cherche Dieu, qui se prosterne devant Jésus. Le dialogue qui s'installe entre eux. Son départ, désappointé lorsque Jésus lui demande « d'aller plus loin ». Puis les disciples atterrés parce qu'ils se demandent ce qui les attend. Imaginez les visages, les personnes concrètes.

Clé 4. – **En quoi ce texte éclaire-t-il ma vie,** ma façon de penser la richesse, la propriété ? Quel est le personnage auquel je ressemble le plus ? Celui auquel je désire le plus ressembler ? Si je réponds : « À aucun », ce qui est tout à fait possible, pourquoi ? Quel est mon désir ?

Clé 5. – À la fin de la méditation relire le texte et **rendre grâce pour ce qui a été reçu.**

À la page qui suit le texte de l'évangile, vous trouverez quelques commentaires pour aider à réfléchir.

COMME IL EST DIFFICLE DE SE DÉPOUILLER ! (Mt 10 17-31)

17 Comme Jésus se mettait en route, un homme vint en courant, se
jeta à genoux devant lui et lui demanda : « Bon maître, que dois-je
faire pour obtenir la vie éternelle ? » 18 Jésus lui dit : « Pourquoi
m'appelles-tu bon ? Personne n'est bon, à part Dieu seul. 19 Tu
connais les commandements : Ne commets pas de meurtre ; ne com-
mets pas d'adultère ; ne vole pas ; ne prononce pas de faux témoi-
gnage contre quelqu'un ; ne prends rien aux autres par tromperie ;
respecte ton père et ta mère. » 20 L'homme lui répondit : « Maître, j'ai
obéi à tous ces commandements depuis ma jeunesse. » 21 Jésus le
regarda avec amour et lui dit : « Il te manque une chose : va vendre
tout ce que tu as et donne l'argent aux pauvres, alors tu auras des
richesses dans le ciel ; puis viens et suis-moi. » 22 Mais quand
l'homme entendit cela, il prit un air sombre et il s'en alla tout triste
parce qu'il avait de grands biens. 23 Jésus regarda ses disciples qui
l'entouraient et leur dit : « Qu'il est difficile aux riches d'entrer dans
le Royaume de Dieu ! » 24 Les disciples furent troublés par ces paro-
les. Mais Jésus leur dit encore : « Mes enfants, qu'il est difficile d'en-
trer dans le Royaume de Dieu ! 25 Il est difficile à un chameau de pas-
ser par le trou d'une aiguille, mais il est encore plus difficile à un
riche d'entrer dans le Royaume de Dieu. » 26 Les disciples étaient de
plus en plus étonnés, et ils se demandèrent les uns aux autres :
« Mais qui donc peut être sauvé ? » 27 Jésus les regarda et leur dit :
« C'est impossible aux hommes, mais non à Dieu, car tout est pos-
sible à Dieu. » 28 Alors Pierre lui dit : « Écoute, nous avons tout
quitté pour te suivre. » 29 Jésus lui répondit : « Je vous le déclare,
c'est la vérité : si quelqu'un quitte, pour moi et pour la Bonne
Nouvelle, sa maison, ou ses frères, ses sœurs, sa mère, son père, ses
enfants, ses champs, 30 il recevra cent fois plus dans le temps où
nous vivons maintenant : des maisons, des frères, des sœurs, des
mères, des enfants et des champs, avec des persécutions aussi ; et
dans le monde futur, il recevra la vie éternelle. 31 Mais beaucoup qui
sont maintenant les premiers seront les derniers, et ceux qui sont
maintenant les derniers seront les premiers. »

Commentaires

• Verset 17. – Jésus marche, une personne l'arrête. Son désir est violent : elle veut gagner la vie éternelle !

• Verset 18. – « Dieu seul » renvoie au premier commandement : tout vient de Dieu. Il dit : c'est ta relation avec Dieu qui compte ; ne te trompe pas ! Dieu nous donne le Bien.

• Verset 19. – Jésus cite 5 commandements ; remarquez bien que la réponse de Jésus, ce n'est pas : « Vends tout ce que tu as et suis moi », c'est un raccourci qui est faux ! Jésus lui dit : Sois dans le monde et suis les commandements ! On « zappe » souvent cette partie et on va trop vite à la fin.

• Verset 20. – C'est fort ! Parce que cet homme est un bon Juif qui fait bien les choses, et il vient voir Jésus, tout de même. Il veut donc plus, ou faire plus, ou donner plus…

• Verset 21. – Là seulement arrive la célèbre phrase, après que Jésus a dit : « Il te manque quelque chose. » Sur son chemin de sainteté à lui, **sa richesse est son encombrement.** Ce qui lui manque, c'est un dépouillement radical, et Jésus le voit **par le regard aimant** qu'Il pose sur lui.

« … Puis viens et suis moi ! » Donc, dépouille-toi et suis moi : c'est là le but du dépouillement de ce personnage.

• Verset 22. – Il vit la pathologie de l'avarice.

• Verset 23. – « Difficile aux riches… » : riches qui sont toujours tentés, plus que d'autres, de garder leurs richesses, leur propriété « privante »…

• Verset 25. – Très connu, mais pas toujours bien compris. Une interprétation : la porte de l'Aiguille. C'était une porte très étroite pour entrer dans la ville de Jérusalem ; un chameau chargé ne pouvait pas entrer ; donc si vous ne vous déchargez pas de ce qui vous encombre, vous n'entrerez pas dans le Royaume.

• Verset 26. – Dieu donne les biens et, dans le monde juif, c'est très coté d'être riche : c'est une preuve que Dieu vous aime ! D'où l'étonnement des disciples. Remarquez que cette idée est reprise dans l'économie contemporaine : la croissance, la prospérité est un *signe* qu'un pays, une entreprise est « bénie des dieux »…

• Verset 27. – « Tout est possible à Dieu », car tout vient de Dieu, toute propriété vient de lui.

• Versets 29-30. – On quitte ses champs pour suivre Jésus, et **dès cette vie** on reçoit davantage !

EXERCICE 7. – RÉCAPITULONS

Comme toujours, je fais le point sur ce que j'ai appris, vécu, compris, durant ce mois. Ce qui m'a permis de progresser. Ce qui m'a rendu meilleur. Ce qui a été difficile et sur quoi je dois encore travailler.

Je peux faire remonter une expérience ou une impression au responsable de mon groupe de partage, qui pourra être dite lors de la prochaine rencontre, comme un témoignage de ce que j'ai reçu et un encouragement pour mes frères et sœurs. Il est important de faire le point, de prendre ce temps. N'hésitons pas non plus à témoigner : c'est la meilleure façon de mûrir…

Un petit témoignage

« À chacun la manifestation de l'Esprit est donnée en vue du bien commun » (1 Co 12, 7). A chacun ? A toi donc aussi…

THÈME 4
UNE OPTION PRÉFÉRENTIELLE POUR LES PAUVRES

Plan de l'enseignement
(durée sur le CD : 37'23 + Bonus : 64'24)

I. La place du pauvre dans l'œuvre de création

1. Le pauvre, c'est celui qui est dépendant

2. Le pauvre, chemin de ressemblance avec Dieu :
la différence entre le pauvre et nous est la même qu'entre nous et Dieu.

3. Le pauvre, chemin de rencontre avec Dieu :
aimer le plus petit c'est aimer l'amour de Dieu.

II. Qu'est-ce que l'option préférentielle pour les pauvres ?

1. Pourquoi une option préférentielle pour les pauvres ? C'est une option, c'est-à-dire un choix, une décision qui engage notre responsabilité.

2. Qui est le pauvre ?
Il ne faut pas réduire le pauvre à celui qui vit dans la misère. La pauvreté c'est aussi la maladie, la solitude. Mais la misère économique est à la source de beaucoup de pauvretés et c'est pourquoi il faut la combattre.

3. La création de richesses n'est pas contradictoire de l'option préférentielle pour les pauvres.
La notion de préférence souligne que notre responsabilité s'engage par priorité vers celui qui dépend de nous.

III. L'humilité

1. L'inverse de la pauvreté ce n'est pas la richesse, c'est l'humilité.
L'humilité c'est savoir se sentir pauvre.

2. L'humilité c'est accepter à son tour d'être le pauvre de quelqu'un.

3. La pauvreté des autres nous invite aussi à sentir nos propres pauvretés

Peur des autres, dépendance aux biens, etc. L'option préférentielle pour les pauvres est une école d'humilité.

IV. Pathologies

1. Le misérabilisme

Le « bon cœur » universel qui conduit à aimer le (la) pauvre et non la personne qu'il (elle) est.

2. Le choix de mes pauvres

Je fais mon marché parmi les pauvretés que je veux bien affronter.

3. « Pauvre de moi »

Se plaindre de sa « pauvreté » au mépris de la pauvreté objective des autres.

4. Ne pas trop en faire pour pouvoir en faire davantage

Ne pas se laisser absorber par la pauvreté. Jésus seul sauve.

V. Le remède : voir Jésus lui-même dans le pauvre

Commentaire de Mt 25, 31-46.

VI. Pour aller plus loin : références

Catéchisme de l'Église catholique, nos 2443-2449.

Compendium de la doctrine sociale de l'Église, Ire partie, chap. IV, section III, n°s 183-184.

VOUS POUVEZ ICI PRENDRE DES NOTES EN ÉCOUTANT L'ENSEIGNEMENT AUDIO.

PREMIÈRE SÉRIE D'EXERCICES

Pour les deux semaines qui viennent, vous êtes invités à faire 6 exercices.

EXERCICE 1. – **QUI SONT MES PAUVRES ?**

EXERCICE 2. – **MES PAUVRETÉS DEVANT LA PAUVRETÉ**

EXERCICE 3. – **SUIS-JE APPELÉ À LA PAUVRETÉ RADICALE ?**

EXERCICE 4. – **NE PAS TROP EN FAIRE POUR EN FAIRE DAVANTAGE… COMMENT DISCERNER ?**

EXERCICE 5. – **JE PASSE À L'ACTE !**

EXERCICE 6. – **RÉCAPITULONS**

Il faut dès à présent noter sur votre agenda les 6 dates réservées pour faire les exercices.

RÉFLEXE AGENDA !

EXERCICE. – QUI SONT MES PAUVRES ?

EN DÉBUT DE JOURNÉE (10 minutes). – Dans cet exercice, je fais le point sur les pauvres dans ma vie. Est-ce que je connais beaucoup de personnes pauvres ? Comment est-ce que je les rencontre ? Je peux, en effet, considérer qu'il est important de se tourner vers eux, mais, **concrètement**, combien de pauvres est-ce que je connais et fréquente ?

Parole du jour

> « L'Esprit du Seigneur est sur moi parce que le Seigneur m'a consacré par l'onction. Il m'a envoyé porter la Bonne Nouvelle aux pauvres, annoncer aux prisonniers qu'ils sont libres et aux aveugles qu'ils verront la lumière, apporter aux opprimés la libération. »

Exercice du jour. – Aujourd'hui j'ouvre mes yeux sur un pauvre : malade, indigent ou une personne souffrant de solitude. Je choisis une personne que je garde dans mon cœur, toute la journée, comme un frère.

Je prie l'Esprit Saint pour qu'il fasse naître, dans le cœur de mon frère pauvre, le sentiment que je prie pour lui.

EXAMEN DU SOIR (15 minutes). – Quel est mon rapport personnel avec la pauvreté ? Combien de pauvres est-ce que je connais ? Combien de pauvres est-ce que je fréquente régulièrement ?
Je peux, dans le tableau ci-contre, inscrire quelques personnes que je considère comme pauvres et avec lesquelles j'ai des contacts réguliers, pour mieux comprendre comment je vis ces relations.

Au coucher... Je prie pour la personne que j'ai gardée dans le cœur aujourd'hui comme si elle n'avait que moi au monde. Je termine en lisant Luc 4, 16-21.

MES NOTES DE CE JOUR

PERSONNES	....	....	....
Comment est-ce que je définis sa pauvreté ?			
Est-ce que je la vois régulièrement ou occasionnelle-ment ?			
Est-ce moi ou elle qui a l'initiative de nos rencontres ?			
Quel bonheur est-ce que j'éprouve durant nos rencontres ?			
Qu'est-ce qui est le plus difficile durant nos rencontres ?			

EXERCICE 2. – MES PAUVRETÉS DEVANT LA PAUVRETÉ

EN DÉBUT DE JOURNÉE (10 minutes). – Dans cet exercice, je réfléchis sur le lien qui existe entre mes pauvretés personnelles et mes difficultés à entrer en relation avec les pauvres. Même si cela est difficile à entendre, il faut souvent admettre que les pauvres me font peur. Aussi, je ne peux pas avoir une relation vraie avec eux sans prendre conscience des pauvretés et des limites **qu'ils révèlent en moi.**

Parole du jour

> « Moi, je suis pauvre et malheureux, mais le Seigneur me témoigne son estime. Mon secours et ma sécurité, c'est toi. Mon Dieu, ne tarde pas. »

Exercice du jour. – Aujourd'hui, à deux reprises dans la journée, je me prive d'un bien, d'un petit plaisir très simple (une cigarette, un verre, etc.) et je l'offre à Jésus pauvre. Un petit sacrifice comme les aime Thérèse de Lisieux !

Je prie l'Esprit Saint pour qu'il me donne un cœur simple pur qu'il puisse s'ouvrir à la pauvreté des autres.

EXAMEN DU SOIR (15 minutes). – Il existe différents types de pauvreté : physique, psychologique, spirituelle ou sociale. La pauvreté financière n'est qu'un cas particulier. Je liste un certain nombre de ces pauvretés concrètes, même si je ne suis pas amené à les côtoyer : malades, handicapés, sans-abri ou personnes souffrant de solitude, etc. Pour chacune d'elles, je me demande si cette pauvreté me fait peur, et **donc** quelle pauvreté elle révèle en moi-même.

> **Au coucher...** Je relis le Psaume 40 et je termine par une prière personnelle de confiance envers le Seigneur.

MES NOTES DE CE JOUR

Pauvreté	Est-ce que spontanément j'en ai peur, je les fuis ?	Quelle force ou quelle pauvreté cela révèle-t-il en moi ?	Qu'est-ce que l'amour de ce pauvre pourrait finalement guérir en moi ?

EXERCICE 3. – SUIS-JE APPELÉ À LA PAUVRETÉ RADICALE ?

EN DÉBUT DE JOURNÉE (10 minutes). – Cette question nous taraude souvent : **faut-il tout quitter pour être parfait**, comme Jésus semble le demander au jeune homme riche ? Mais nous savons aussi que nous avons vocation à **gérer les biens du Seigneur pour servir** à leur destination universelle. Il n'y a donc pas une voie unique, mais une voie adaptée à chaque personne, dans son appel propre.

Parole du jour

« Heureux les pauvres de cœur : le Royaume des cieux est à eux. »

Exercice du jour. – Et si je devenais soudain très pauvre matériellement ? Je choisis deux moments pour m'arrêter, durant cette journée, et imaginer ce que serait ma vie à ce moment si j'étais très pauvre. Comme Marie, « je garde cela dans mon cœur ».

EXAMEN DU SOIR (15 minutes). – Le Seigneur ne peut pas vouloir pour moi autre chose que mon bonheur. S'il m'appelle à la pauvreté radicale, je peux **déjà pressentir le bonheur** que j'aurais à vivre cette pauvreté. Je peux donc essayer d'imaginer ma vie sous cet angle ; je peux aussi imaginer ma vie si je pouvais être un **fidèle** régisseur des biens du Seigneur, selon ce que nous avons vu dans l'enseignement précédent. Entre les deux, je suis un tiède…

Au coucher… Je relis l'ensemble des Béatitudes dans Matthieu 5, 3-12, pour éclairer ma réflexion, béatitude par béatitude.

MES NOTES DE CE JOUR

Quel serait mon bonheur si j'entendais l'appel à la pauvreté radicale ?	**Quel serait mon bonheur si j'étais un fidèle régisseur des biens du Seigneur ?**
Qu'est-ce qui me manque pour choisir cette voie ?	Qu'est-ce qui me manque pour choisir cette voie ?

EXERCICE 4. – NE PAS TROP EN FAIRE POUR EN FAIRE DAVANTAGE… COMMENT DISCERNER ?

EN DÉBUT DE JOURNÉE (10 minutes). – Il n'est pas rare que je me trouve des excuses pour m'éloigner des pauvres qui m'entourent : le manque de temps, de disponibilité, la fatigue, etc. Mais je sais aussi qu'il est très important de me préserver, d'éviter de me donner sans discernement. Cet exercice me permet de faire le point !

Parole du jour

> « Des pauvres, en effet, vous en avez toujours avec vous ; mais moi, vous ne m'avez pas pour toujours. »

Exercice du jour. – Aujourd'hui, je téléphone (ou je rends visite) à une personne qui souffre de solitude. Juste pour un bonjour.

Je prie Jésus de m'ouvrir son Cœur pour que mon cœur soit semblable au sien.

EXAMEN DU SOIR (15 minutes). – Dans mes relations avec des pauvres, je peux passer par quatre phases : **pas du tout,** lorsque je me dérobe complètement devant le pauvre ; **pas assez,** lorsque je me donne un peu, mais par devoir ; **beaucoup,** lorsque je consacre de longs moments à une ou des personne(s) ; **trop,** lorsque mon engagement devient exclusif et qu'il ne peut pas être assuré **par quelqu'un d'autre.** C'est le critère de discernement : si je ne suis pas du tout présent, il n'y a pas d'amour ; mais si je suis trop présent au point de devenir irremplaçable, la relation qui s'établit n'est plus juste. Je peux remplir le tableau ci-contre en trouvant quelques exemples.

Au coucher… Je relis Matthieu 26, 6-13.

MES NOTES DE CE JOUR

Je suis engagé dans la relation…	Étapes	Exemples dans ma vie	Qu'est-ce qui me pousse à agir ainsi ?	Quel risque pour moi ? pour lui ? l'autre ?
… pas du tout	Je me trouve des excuses pour **éviter** le pauvre			
… un peu	Je fais le minimum afin de conserver ma **bonne conscience**			
… beaucoup	Je **dépense** du temps et de l'énergie dans cette relation			
… trop	J'ai le sentiment (ou le pauvre a le sentiment) que je suis **irremplaça-ble** dans cette relation			

EXERCICE 5. – JE PASSE À L'ACTE !

EN DÉBUT DE JOURNÉE (10 minutes). – Il n'est pas suffisant de se convaincre que l'option préférentielle pour les pauvres, c'est bien. Il faut aussi en vivre ! Cet exercice propose de poser aujourd'hui un acte délibéré d'option préférentielle pour un pauvre. Il s'agit de choisir d'aider, de rencontrer ou de visiter un pauvre, mais aussi de le choisir préférentiellement, c'est-à-dire en se décidant, aujourd'hui, pour ce choix plutôt que pour un autre.

Parole du jour

> « Venez les bénis de mon Père [...], car j'ai eu faim et vous m'avez donné à manger ; j'avais soif et vous m'avez donné à boire [...] toutes les fois que vous l'avez fait à l'un de ces plus petits de mes frères, c'est à moi que vous l'avez fait. »

Exercice du jour. – Je choisis d'accomplir un acte significatif « préférentiel » envers un pauvre aujourd'hui (le noter).

Je prie l'Esprit Saint de me donner la force de choisir la faiblesse.

EXAMEN DU SOIR (15 minutes). – Comment ai-je posé mon acte, que m'a-t-il coûté, et surtout en quoi m'a-t-il rendu heureux ?
En remplissant le tableau, je prends le temps de discerner ce qui relevait du « devoir à accomplir », et ce qui était vraiment « abandon à l'amour » dans ma démarche. Quels sont les signes qui me permettent de sentir que mon acte a été juste, c'est-à-dire qu'il a rencontré le Christ à travers la personne que j'ai rencontrée ?

Au coucher... Je médite Mathieu 25, 34-46, et en particulier la parole « toutes les fois que vous l'avez fait »...

MES NOTES DE CE JOUR

L'acte « préférentiel » pour un pauvre que j'ai choisi de poser aujourd'hui :

Facile ou difficile ?	
En quoi m'a-t-il rendu heureux ?	
Au final, est-ce que cela a été du « devoir accompli » ou de l'« abandon à l'amour » ?	
En quoi ai-je l'impression d'avoir rencontré le Christ dans cette pauvreté ?	

EXERCICE 6. – RÉCAPITULONS

MATIN (10 minutes). – Aujourd'hui est un jour de récapitulation. Je prépare l'échange en groupe de partage sur ces quinze premiers jours. Je fais le point en reprenant toutes mes notes. Je peux y penser durant la journée, et ce soir je mettrai tout cela au clair. Qu'ai-je appris durant ces jours ?

Parole du jour

> « Sois transportée d'allégresse, Sion la belle ! Lance des acclamations, Jérusalem la belle ! Il est là, ton roi, il vient à toi ; il est juste et victorieux, il est pauvre et monté sur un âne, sur un ânon, le petit d'une ânesse » *(Zacharie 9, 9)*.

Seigneur, tu me donnes les pauvres à aimer. Comme tu m'aimes, moi qui suis un pauvre pour toi, tu me proposes d'aimer à mon tour ceux qui sont plus pauvres que moi. Et c'est à toi, Seigneur, que **je rends amour pour amour** en les aimant, comme s'ils n'avaient que moi pour les aimer.

Je prends des notes pour pouvoir témoigner en groupe de partage à partir des exercices :

1) sur ce que j'ai appris ;

2) sur ce qui était important ;

3) sur ce qui était difficile.

Et encore et toujours, je remercie le Seigneur d'être venu chez moi.

MES NOTES POUR CETTE PREMIÈRE SÉRIE D'EXERCICES

DEUXIÈME SÉRIE D'EXERCICES

Pour les deux semaines qui viennent, vous êtes invités à faire 7 exercices.

EXERCICE 1 ET 2. – **REVENIR SUR DES EXERCICES DE LA PREMIÈRE SÉRIE**

EXERCICE 3. – **OBSERVER NOTRE ENVIRONNEMENT**

EXERCICE 4. – **CONNAITRE LE MAGISTÈRE**

EXERCICE 5. – **UNE HEURE D'ADORATION**

EXERCICE 6. – **UNE HEURE DE MÉDITATION DE LA PAROLE DE DIEU**

EXERCICE 7. – **RÉCAPITULONS**

Pour préparer les deux semaines de travail qui viennent, parcourez rapidement les exercices de la deuxième série. Vous avez le choix de les réaliser selon l'ordre que vous préférez. Ne vous en privez pas. Mais n'oubliez pas : il faut, dès à présent, noter sur votre agenda, les 7 dates réservées pour faire les exercices.

RÉFLEXE AGENDA !

EXERCICES 1 ET 2. – REVENIR SUR DEUX EXERCICES DE LA PREMIÈRE SÉRIE

Il y a sûrement des points abordés dans la première série que vous n'avez pas assez approfondis ou que vous aimeriez revoir. On vous propose de choisir de refaire **deux exercices**, en notant bien le point particulier que vous aimeriez travailler. Vous pouvez choisir ces exercices seul ou, mieux, à l'issue de la discussion avec votre groupe de partage.

Point que j'aimerais approfondir	Exercice de la première série à refaire

N'oubliez pas de fixer des jours pour les faire, sans quoi cela ne se fera jamais !

RÉFLEXE AGENDA !

EXERCICE 3. – OBSERVER NOTRE ENVIRONNEMENT

Choisissons sur le calendrier de ces prochaines semaines un jour pour approfondir notre regard sur le monde, sur la façon dont **notre société voit la pauvreté** Bien souvent, les discours et les actions pour lutter contre la pauvreté ne sont pas dus aux chrétiens ou à des personnes explicitement chrétiennes. Comment expliquer cela ?

EN DÉBUT DE JOURNÉE (10 minutes). – Je vais prendre un peu de temps pour réfléchir à ce que les chrétiens disent d'original sur la pauvreté. Tout le monde en parle. Mais nous, comment en parlons-nous ? On dit parfois que les discours altruistes sont « d'inspiration chrétienne ». Mais qu'est-ce que cela signifie ? Comment définirions-nous le regard (et l'action) « chrétien » sur la pauvreté ? En quoi a-t-il quelque chose à faire comprendre au monde ?

Parole du jour

> « Les pauvres mangeront, ils seront rassasiés ; ils loueront le Seigneur, ceux qui le cherchent. Que votre cœur vive à jamais ! » *(Ps 22, 27)*.

Je prie l'Esprit Saint afin qu'il me conduise à accepter ce qui est radical dans notre appel et ce que les non-croyants peuvent m'apporter pour le confirmer.

Exercice du jour. – Au foyer des sans-abri, un jeune homme passe plusieurs soirées par semaine à s'occuper des SDF. Il le fait avec beaucoup de bonheur et de réussite auprès des personnes qu'il reçoit. Or, ce jeune homme non seulement n'est pas chrétien, mais il est plutôt contre tout ce qui est « religieux ». La conversation vient sur la foi et la doctrine sociale de l'Église : comment lui parler de l'option préférentielle pour les pauvres ? Qu'est-ce que cela peut lui apporter ?
Je peux en discuter avec l'un de mes proches qui argumente en sens contraire...

Comme à chaque fois que j'observe « le monde », **je prie l'Esprit Saint** afin qu'il me donne bienveillance et espérance pour le monde qui m'entoure.

ARGUMENTATIONS

EXERCICE 4. – CONNAÎTRE LE MAGISTÈRE

Dans *Sollicitudo rei socialis* (1987) Jean-Paul II, revient sur la grande encyclique de Paul VI, *Populorum progressio* portant sur le sous-développement (1967). Il introduit explicitement la notion d'option préférentielle pour les pauvres.

Jean Paul II, encyclique *Sollicitudo rei socialis*, 1987
Titre VI, n°s 41 à 46 (extraits, les notes sont omises)

VI. QUELQUES ORIENTATIONS PARTICULIÈRES

41. L'Église n'a pas de solutions techniques à offrir face au problème du sous-développement comme tel, ainsi que le déclarait déjà le Pape Paul VI dans son encyclique. En effet, elle ne propose pas des systèmes ou des programmes économiques et politiques, elle ne manifeste pas de préférence pour les uns ou pour les autres, pourvu que la dignité de l'homme soit dûment respectée et promue et qu'elle-même se voie laisser l'espace nécessaire pour accomplir son ministère dans le monde.

Mais l'Église est « experte en humanité », et cela la pousse nécessairement à étendre sa mission religieuse aux divers domaines où les hommes et les femmes déploient leur activité à la recherche du bonheur, toujours relatif, qui est possible en ce monde, conformément à leur dignité de personnes.

À l'exemple de mes prédécesseurs, je dois répéter que ce qui touche à la dignité de l'homme et des peuples, comme c'est le cas du développement authentique, ne peut se ramener à un problème « technique ». Réduit à cela, le développement serait vidé de son vrai contenu et l'on accomplirait un acte de trahison envers l'homme et les peuples qu'il doit servir.

Voilà pourquoi l'Église a une parole à dire aujourd'hui comme il y a vingt ans, et encore à l'avenir, sur la nature, les conditions, les exigences et les fins du développement authentique, et aussi sur les obstacles qui l'entravent. Ce faisant, l'Église accomplit sa mission d'évangélisation, car elle apporte sa première contribution à la solution du problème urgent du développement quand elle proclame la vérité sur le Christ, sur elle-même et sur l'homme, en l'appliquant à une situation concrète.

L'instrument que l'Église utilise pour atteindre ce but est sa doctrine sociale. Dans la difficile conjoncture présente, pour favoriser la formulation correcte des problèmes aussi bien que leur meilleure résolution, il pourra être très utile d'avoir une connaissance plus exacte et d'assurer une diffusion plus large de l'« ensemble de principes de réflexion et de critères de jugement et aussi de directives d'action » proposé dans son enseignement.

On se rendra compte ainsi immédiatement que les questions auxquelles on a à faire face sont avant tout morales, et que ni l'analyse du problème du développement en tant que tel, ni les moyens pour surmonter les difficultés actuelles ne peuvent faire abstraction de cette dimension essentielle.

La doctrine sociale de l'Église n'est pas une « troisième voie » entre le capitalisme libéral et le collectivisme marxiste, ni une autre possibilité parmi les solutions moins radicalement marquées : elle constitue une catégorie en soi. Elle n'est pas non plus une idéologie, mais la formulation précise des résultats d'une réflexion attentive sur les réalités complexes de l'existence de l'homme dans la société et dans le contexte international, à la lumière de la foi et de la tradition ecclésiale. Son but principal est d'interpréter ces réalités, en examinant leur conformité ou leurs divergences avec les orientations de l'enseignement de l'Évangile sur l'homme et sur sa vocation à la fois terrestre et transcendante ; elle a donc pour but d'orienter le comportement chrétien. C'est pourquoi elle n'entre pas dans le domaine de l'idéologie mais dans celui de la théologie et particulièrement de la théologie morale.

L'enseignement et la diffusion de la doctrine sociale font partie de la mission d'évangélisation de l'Église. Et, s'agissant d'une doctrine destinée à guider la conduite de la personne, elle a pour conséquence l'« engagement pour la justice » de chacun suivant son rôle, sa vocation, sa condition.

L'accomplissement du ministère de l'évangélisation dans le domaine social, qui fait partie de la fonction prophétique de l'Église, comprend aussi la dénonciation des maux et des injustices. Mais il convient de souligner que l'annonce est toujours plus importante que la dénonciation, et celle-ci ne peut faire abstraction de celle-là qui lui donne son véritable fondement et la force de la motivation la plus haute.

42. La doctrine sociale de l'Église, aujourd'hui plus que dans le passé, a le devoir de s'ouvrir à une perspective internationale dans la ligne du Concile Vatican II, des encycliques les plus récentes et particulièrement de celle que nous commémorons en ce moment. Il ne sera donc pas superflu de réexaminer et d'approfondir sous cet éclairage les thèmes et les orientations caractéristiques que le Magistère a repris ces dernières années.

Je voudrais signaler ici l'un de ces points : l'option ou l'amour préférentiel pour les pauvres. C'est là une option, ou une forme spéciale de priorité dans la pratique de la charité chrétienne dont témoigne toute la tradition de l'Église. Elle concerne la vie de chaque chrétien, en tant qu'il imite la vie du Christ, mais elle s'applique également à nos responsabilités sociales et donc à notre façon de vivre, aux décisions que nous avons à prendre de manière cohérente au sujet de la propriété et de l'usage des biens.

Mais aujourd'hui, étant donné la dimension mondiale qu'a prise la question sociale76, cet amour préférentiel, de même que les décisions qu'il nous inspire, ne peut pas ne pas embrasser les multitudes immenses des affamés, des mendiants, des sans-abri, des personnes sans assistance médicale et, par-dessus tout, sans espérance d'un avenir meilleur : on ne peut pas ne pas prendre acte de l'existence de ces réalités. Les ignorer reviendrait à s'identifier au « riche bon vivant » qui feignait de ne pas connaître Lazare le mendiant qui gisait près de son portail (cf. Lc 16, 1931).

Notre vie quotidienne doit tenir compte de ces réalités, comme aussi nos décisions d'ordre politique et économique. De même, les responsables des nations et des Organisations internationales, tandis qu'ils ont l'obligation de toujours considérer comme prioritaire dans leurs plans la vraie dimension humaine, ne doivent pas oublier de donner la première place au phénomène croissant de la pauvreté. Malheureusement, au lieu de diminuer, le nombre des pauvres se multiplie non seulement dans les pays moins développés, mais, ce qui ne paraît pas moins scandaleux, dans ceux qui sont les plus développés.

Il est nécessaire de rappeler encore une fois le principe caractéristique de la doctrine sociale chrétienne : les biens de ce monde sont à l'origine destinés à tous78. Le droit à la propriété privée est valable et nécessaire, mais il ne supprime pas la valeur de ce principe. Sur la propriété, en effet, pèse « une hypothèque sociale », c'est-à-dire que l'on y discerne, comme qualité intrinsèque, une fonction sociale fondée et justifiée précisément par le principe de la destination universelle des biens. Et il ne faudra pas négliger, dans l'engagement pour les pauvres, la forme spéciale de pauvreté qu'est la privation des droits fondamentaux de la personne, en particulier du droit à la liberté religieuse, et, par ailleurs, du droit à l'initiative économique.

46. Les peuples et les individus aspirent à leur libération : la recherche du développement intégral est le signe de leur désir de surmonter les obstacles multiples qui les empêchent de jouir d'une « vie plus humaine ».

Récemment, au cours de la période qui a suivi la publication de l'encyclique *Populorum progressio*, dans certaines parties de l'Église catholique, en particulier en Amérique latine, s'est répandue une nouvelle manière d'aborder les problèmes de la misère et du sous-développement, qui fait de la libération la catégorie fondamentale et le premier principe d'action. Les valeurs positives, mais aussi les déviations et les risques de déviation liés à cette forme de réflexion et d'élaboration théologique, ont été opportunément signalés par le Magistère ecclésiastique.

Il convient d'ajouter que l'aspiration à la libération par rapport à toute forme d'esclavage, pour l'homme et pour la société, est quelque chose de noble et de valable. C'est à cela que tend justement le développement, ou plutôt la libération et le développement, compte tenu de l'étroite relation existant entre ces deux réalités.

Un développement purement économique ne parvient pas à libérer l'homme, au contraire, il finit par l'asservir davantage. Un développement qui n'intègre pas les dimensions culturelles, transcendantes et religieuses de l'homme et de la société contribue d'autant moins à la libération authentique qu'il ne reconnaît pas l'existence de ces dimensions et qu'il n'oriente pas vers elles ses propres objectifs. L'être humain n'est totalement libre que lorsqu'il est lui-même, dans la plénitude de ses droits et de ses devoirs : on doit en dire autant de la société tout entière.

L'obstacle principal à surmonter pour une véritable libération, c'est le péché et les structures qui en résultent au fur et à mesure qu'il se multiplie et s'étend.

La liberté par laquelle le Christ nous a libérés (cf. Ga 5, 1) nous pousse à nous convertir pour devenir les serviteurs de tous. Ainsi le processus du développement et de la libération se concrétise dans la pratique de la solidarité, c'est-à-dire de l'amour et du service du prochain, particulièrement les plus pauvres : « Là où manquent la vérité et l'amour, le processus de libération aboutit à la mort d'une liberté qui aura perdu tout appui».

47. Devant les tristes expériences de ces dernières années et le panorama en majeure partie négatif de la période actuelle, l'Église se doit d'affirmer avec force la possibilité de surmonter les entraves qui empêchent le développement, par excès ou par défaut, et la confiance en une vraie libération. Cette confiance et cette possibilité sont fondées, en dernière instance, sur la conscience qu'a l'Église de la promesse divine l'assurant que l'histoire présente ne reste pas fermée sur elle-même, mais qu'elle est ouverte au Règne de Dieu.

L'Église a aussi confiance en l'homme, tout en connaissant la perversité dont il est capable, parce qu'elle sait que - malgré l'héritage du péché et le péché que chacun peut commettre - il y a dans la personne humaine des qualités et une énergie suffisantes, il y a en elle une « bonté » fondamentale (cf. Gn 1, 31), parce qu'elle est l'image du Créateur placée sous l'influence rédemptrice du Christ qui « s'est en quelque sorte uni lui-même à tout homme», et parce que l'action efficace de l'Esprit Saint « remplit le monde » (Sg 1, 7).

C'est pourquoi ni le désespoir, ni le pessimisme, ni la passivité ne peuvent se justifier. Même si c'est avec amertume, il faut dire que de même que l'on peut pécher par égoïsme, par appétit excessif du gain et du pouvoir, on peut aussi commettre des fautes, quand on est confronté aux besoins urgents des multitudes humaines plongées dans le sous-développement, par crainte, par indécision et, au fond, par lâcheté. Nous sommes tous appelés, et même tenus, à relever le terrible défi de la dernière décennie du second millénaire, ne serait-ce que parce que nous sommes tous sous la menace de dangers imminents : une crise économique mondiale, une guerre sans frontières, sans vainqueurs ni vaincus. Face à cette menace, la distinction entre personnes ou pays riches et personnes ou pays pauvres aura peu de valeur, si ce n'est en raison de la plus grande responsabilité pesant sur ceux qui ont plus et qui peuvent plus.

Mais une telle motivation n'est ni la seule ni la principale. Ce qui rentre en ligne de compte, c'est la dignité de la personne humaine dont la défense et la promotion nous ont été confiées par le Créateur et dont sont rigoureusement responsables et débiteurs les hommes et les femmes dans toutes les circonstances de l'histoire. La situation actuelle, comme beaucoup s'en sont déjà rendu compte plus ou moins clairement, ne paraît pas respecter cette dignité. Chacun de nous est appelé à prendre sa part dans cette campagne pacifique, à mener avec des moyens pacifiques, pour conquérir le développement dans la paix, pour sauvegarder la nature elle-même et le monde qui nous entoure. L'Église, elle aussi, se sent profondément impliquée dans cette voie dont elle espère l'heureux aboutissement.

C'est pourquoi, à l'exemple du Pape Paul VI dans l'encyclique *Populorum progressio*, je voudrais m'adresser avec simplicité et humilité à tous, hommes et femmes sans exception, afin que, convaincus de la gravité de l'heure présente et conscients de leur responsabilité personnelle, ils mettent en œuvre - par leur mode de vie personnelle et familiale, par leur usage des biens, par leur participation de citoyens, par leur contribution aux décisions économiques et politiques ainsi que par leur propre engagement sur les plans national et international - les mesures inspirées par la solidarité et l'amour préférentiel des pauvres qu'exigent les circonstances et que requiert surtout la dignité de la personne humaine, image indestructible de Dieu créateur, image identique en chacun de nous.

Dans cet effort, les fils de l'Église doivent être des exemples et des guides, car ils sont appelés, selon le programme proclamé par Jésus lui-même dans la synagogue de Nazareth, à « porter la bonne nouvelle aux pauvres, [...] annoncer aux captifs la délivrance et aux aveugles le retour à la vue, renvoyer en liberté les opprimés, proclamer une année de grâce du Seigneur » (Lc 4, 18-19). Il convient de souligner le rôle prépondérant qui incombe aux laïcs, hommes et femmes, comme l'a redit la récente Assemblée synodale. Il leur revient d'animer les réalités temporelles avec un zèle chrétien et de s'y conduire en témoins et en artisans de paix et de justice.

Je voudrais m'adresser particulièrement à ceux qui, par le sacrement du baptême et la profession du même Credo, participent avec nous à une vraie communion, même si elle n'est pas parfaite. Je suis sûr que le souci exprimé par la présente lettre, aussi bien que les motivations qui l'animent, leur sont familiers parce que c'est l'Évangile du Christ Jésus qui les inspire. Nous pouvons trouver ici une invitation nouvelle à donner un témoignage unanime de nos convictions communes sur la dignité de l'homme, créé par Dieu, sauvé par le Christ, sanctifié par l'Esprit, et appelé à vivre dans ce monde une vie conforme à cette dignité.

Lire la suite... cela en vaut la peine ! (Toutes les encycliques sont disponibles sur le site du Vatican www.vatican.va)

EXERCICE 5. – UNE HEURE D'ADORATION

Jour choisi pour mon heure d'adoration	

En présence réelle du Seigneur, offrons-lui tout ce que nous avons reçu durant ces jours de réflexion, de travail et de prière sur **l'option préférentielle pour les pauvres.**

Je médite sur Jésus **au contact des plus pauvres** : malades, infirmes, miséreux… Parce que Jésus vient à la **rencontre** des hommes, il rencontre, parmi eux, les plus pauvres. Il ne vient pas **seulement** pour eux, car il vient sauver tous les hommes, mais il vient aussi pour les plus pauvres. Je peux trouver quelques exemples de pauvres, comme nous l'avons fait avec les « riches » dans l'Évangile, lors du dernier enseignement : la veuve dans Marc 12, 42 ; le lépreux dans Marc 1, 40 ; l'aveugle dans Marc 8, 22 ; ou la Samaritaine dans Jean 4, 7. Ce sont des formes différentes de pauvreté : la misère ; la maladie ; le handicap ; la solitude.
Comment Jésus s'intéresse-t-il aux personnes ? Il ne fait pas un discours général sur la misère, la maladie, le handicap ou la solitude. Il rejoint la personne dans sa pauvreté : il bénit la veuve ; il touche le lépreux ; il prend soin de l'aveugle ; il parle de cœur à cœur avec la Samaritaine. L'option préférentielle pour le pauvre telle que Jésus la vit est une **manifestation de l'amour de Dieu pour la personne** la plus vulnérable, mais une manifestation **concrète** de cet amour.

Devant toi, Jésus présent, je veux imaginer comment tu t'intéresses à ces personnes, comment tu « **plonges** » dans leur pauvreté pour accomplir l'œuvre de salut, et poursuivre ainsi la création.

DANS LA COMMUNION DES SAINTS…
AVEC GRÉGOIRE LE GRAND

Grégoire Ier, dit le Grand (532-604), fut élu pape en 590. Théologien, réformateur (il généralisa la liturgie « grégorienne »), il se consacra aussi aux pestiférés et aux pauvres. Voici un extrait d'une homélie prononcée à la basilique Saint-Laurent (date inconnue).

« Je vais porter à la connaissance de votre charité un miracle que notre cher fils, le diacre Epiphanius, ici présent, venu de la province d'Isaurie, a coutume de nous raconter. Il s'est passé dans une région voisine de la sienne, la Lycaonie. Il advint, nous dit Epiphanius, qu'un certain Martyrius, moine de vie très vénérable, sortit de son monastère pour rendre visite à un autre monastère qui avait à sa tête un père spirituel. Tandis qu'il cheminait, il rencontra sur la route un lépreux aux membres déformés par une multitude de plaies d'éléphantiasis. Ce pauvre homme voulait rentrer à son gîte, mais, épuisé, il n'en avait plus la force. Il disait avoir son gîte justement sur la route où le moine Martyrius s'avançait d'un bon pas. L'homme de Dieu, plein de pitié pour la fatigue du lépreux, jeta aussitôt à terre le manteau dont il était vêtu, l'étala, puis y déposa le lépreux avant de le charger sur son épaule en le maintenant bien serré dans son manteau ; et reprenant sa route, il l'emporta avec lui. Comme il approchait déjà des portes du monastère, celui qui en était le père spirituel se mit à crier d'une voix forte : **"Courez, ouvrez vite les portes du monastère : le frère Martyrius arrive en portant le Seigneur !"** Aussitôt que Martyrius fut parvenu à l'entrée du monastère, celui qu'il croyait être un lépreux descendit de son dos et lui apparut tel qu'on a coutume de se représenter le Rédempteur du genre humain, le Christ Jésus, Dieu et homme. Puis, tout en s'élevant au ciel sous les yeux de Martyrius, il lui dit : **"Martyrius, tu n'as pas rougi de moi sur la terre, je ne rougirai pas de toi au Ciel."** Dès que le saint homme fut entré dans le monastère, le père du monastère lui demanda : "Frère Martyrius, où est celui que tu portais ?" Le frère lui répondit : "Ah ! si j'avais su qui il était, je l'aurais retenu par les pieds." Et il racontait que lorsqu'il le portait, il ne sentait pas du tout son poids. Ce qui n'a rien d'étonnant : comment aurait-il pu sentir son poids, puisqu'il portait Celui qui le portait ?

Tout ceci doit nous apprendre quel pouvoir nous donne notre compassion fraternelle, et quelle force ont les entrailles de miséricorde pour nous unir au Dieu tout-puissant. Car c'est en nous rabaissant au-dessous de nous par compassion pour le prochain que nous nous rapprochons de celui qui est au-dessus de tout. Si nul ne peut, quant aux choses corporelles, atteindre les hauteurs sans tendre vers elles, il est bien évident, quant aux choses spirituelles, que nous approchons des hauteurs avec d'autant plus de vérité que nous laissons la compassion nous attirer [vers le bas]. » *(Homélie sur le pauvre Lazare et le mauvais riche.)*

EXERCICE 6. – UNE HEURE DE MÉDITATION DE LA PAROLE DE DIEU

Je consacre une heure entière à méditer seul, ou en groupe de partage, la parole de Dieu qui a été commentée durant l'enseignement : Matthieu 25, 31-46. Un jugement terrible, mais, au fond, une invitation à être « à l'image de Dieu ».

Jour choisi pour mon heure de méditation	

Quelques clés pour aider la méditation :

Clé 1. – Commencer par **prier l'Esprit Saint**. C'est lui le père des pauvres que nous sommes ; c'est lui qui peut nous éclairer, nous aider, convertir notre intelligence.

Clé 2. – Qui sont les « plus petits » : les affamés, les assoiffés, les étrangers, les pauvres, les malades, les prisonniers ? Imaginer ce que cela signifie dans nos propres vies. Pourrions-nous répondre aux questions des versets 37 à 39 ?

Clé 3. – Observer que le roi ne dit pas : « C'est comme si vous me l'aviez fait » mais : « C'est **à moi** que vous l'avez fait. » Pourquoi cette nuance ? Que nous dit-elle de la présence de Jésus **dans le pauvre** ?

Clé 4. – Si on observe la **symétrie** entre « les bénis » et « les maudits », on constate que **les uns et les autres n'ont rien vu** (lire le verset 38 et le verset 44). Seuls leurs actes comptent, pas leurs bonnes **intentions** envers le Seigneur.

Clé 5. – Observer que, dans Matthieu, ce texte se situe **à la suite de la parabole des talents**, que nous avions discutée dans le premier enseignement « Acteurs de la création ». Que penser de cette proximité ? Quel lien entre « l'exploitation de nos talents » et « l'option préférentielle pour les pauvres » ?

Clé 6. – À la fin de la méditation relire le texte et **rendre grâce** pour ce qui a été reçu.

CE N'EST PAS NOUS QUI NOUS JUGERONS ! (Mt 25 31-46)

31 Lorsque le Fils de l'homme viendra dans sa gloire, avec tous les anges,
il s'assiéra sur son trône glorieux. 32 Toutes les nations seront rassemblées
devant lui. Il séparera les uns des autres comme le berger sépare les mou-
tons des chèvres : 33 il mettra les moutons à sa droite et les chèvres à sa
gauche. 34 Alors le roi dira à ceux qui seront à sa droite : « Venez, vous qui
êtes bénis de mon Père ; héritez le royaume qui a été préparé pour vous
depuis la fondation du monde. 35 Car j'ai eu faim et vous m'avez donné à
manger ; j'ai eu soif et vous m'avez donné à boire ; j'étais étranger et vous
m'avez recueilli ; 36 j'étais nu et vous m'avez vêtu ; j'étais malade et vous
m'avez visité ; j'étais en prison et vous êtes venus me voir. » 37 Alors les
justes lui répondront : « Seigneur, quand t'avons-nous vu avoir faim, et
t'avons-nous donné à manger ? ou avoir soif, et t'avons-nous donné à
boire ? 38 Quand t'avons-nous vu étranger, et t'avons-nous recueilli ? ou
nu, et t'avons-nous vêtu ? 39 Quand t'avons-nous vu malade, ou en prison,
et sommes-nous venus te voir ? » 40 Et le roi leur répondra : « Amen, je
vous le dis, dans la mesure où vous avez fait cela pour l'un de ces plus
petits, l'un de mes frères, c'est à moi que vous l'avez fait. » 41 Ensuite il
dira à ceux qui seront à sa gauche : « Allez-vous-en loin de moi, maudits,
dans le feu éternel préparé pour le diable et pour ses anges. 42 Car j'ai eu
faim, et vous ne m'avez pas donné à manger ; j'ai eu soif, et vous ne
m'avez pas donné à boire. 43 J'étais étranger, et vous ne m'avez pas
recueilli ; j'étais nu, et vous ne m'avez pas vêtu ; j'étais malade et en pri-
son, et vous ne m'avez pas visité. » 44 Alors ils répondront, eux aussi :
« Seigneur, quand t'avons-nous vu avoir faim ou soif, étranger, ou nu, ou
malade, ou en prison, sans nous mettre à ton service ? » 45 Alors il leur
répondra : « Amen, je vous le dis, dans la mesure où vous n'avez pas fait
cela pour l'un de ces plus petits, c'est à moi que vous ne l'avez pas fait. »
46 Et ceux-ci iront au châtiment éternel, mais les justes, à la vie éternelle.

Commentaire

La lecture de ce passage de l'évangile de Matthieu n'est pleinement compréhensible que si on le replace dans son contexte. Nous sommes au moment où Jésus arrive à Jérusalem, juste avant l'entrée dans la Passion. Les chapitres 24 et 25 de l'évangile rapportent des discours de Jésus sur l'imminence de la venue du Royaume de Dieu et sur le jugement qu'elle implique.

Le chapitre 25 donne trois discours : deux paraboles et le discours du « jugement dernier ». La première parabole est celle des « vierges folles », la seconde celle des talents, que nous avons déjà commentée dans le premier enseignement. Pour bien comprendre ce que le texte du « jugement dernier » peut avoir de difficile et même de violent, il faut conserver à l'esprit qu'il suit la parabole des talents. Dans celle-ci, Jésus avait condamné celui qui, ayant reçu un talent, l'avait caché au lieu de le faire fructifier, par peur de Dieu. Dans la parabole des « vierges folles », il avait condamné ces jeunes filles, invitées à être filles d'honneur du marié et qui s'étaient endormies en l'attendant sans penser à faire provision suffisante d'huile. Dans les deux cas, c'est le manque de désir pour Dieu qui est dénoncé par Jésus. Chacun se replie sur soi.

On comprend mieux, alors, le passage sur le jugement dernier. Jésus condamne ceux qui ont reçu la possibilité d'être miséricordieux à l'image du Père, et qui n'en ont rien fait. Comme pour les talents, c'est le fait de ne pas aller sérieusement sur notre chemin de sanctification qui est ici dénoncé. Celui-ci passe nécessairement par l'amour miséricordieux, si nous considérons que nous sommes « à l'image et à la ressemblance » de Dieu. Ce n'est pas un choix, c'est une réalité anthropologique.

Ce texte est un texte sur le jugement. Il ne faut pas en avoir peur. Nous avons appris, dans l'enseignement sur le bien commun, que nous ne nous donnons pas à nous-mêmes les critères du bien. Nous les recevons de Dieu. En corollaire, il est logique qu'il y ait un jugement de nos actes. Notre époque a un peu édulcoré cela, et c'est à tort. Car l'amour de Dieu ne consiste pas à sauver tout le monde en vrac. Il est infiniment plus puissant que cela. Ce texte du jugement prend toute sa force si on lit la suite immédiate dans l'évangile : « Or, quand Jésus eut achevé toutes ces instructions, il dit à ses disciples : "Vous le savez, dans deux jours, c'est la Pâque : le Fils de l'homme va être livré pour être crucifié" » (26, 1-2). Tout s'éclaire lorsque l'on comprend que le jugement, c'est Jésus qui va le subir : lui l'innocent, il sera torturé puis crucifié. Sur la croix, il deviendra alors ce pauvre, prisonnier, nu, affamé, assoiffé, étranger et malade dont parle notre texte. Et c'est alors que l'on comprend pourquoi Jésus dit : « Chaque fois que vous l'avez fait à l'un de ces petits, c'est à moi que vous l'avez fait… Chaque fois que vous ne l'avez pas fait à l'un de ces petits, à moi non plus vous ne l'avez pas fait. » La croix nous place devant l'amour total de Dieu et son innocence totale, et aussi devant le jugement. Jésus jugé et condamné sur la croix projette sur nous la lumière de la vérité et c'est elle qui nous juge. Comme le dit saint Jean de la Croix : « Au soir de notre vie, nous serons jugés sur l'amour. »

SYNTHÈSE DE LA PREMIÈRE PARTIE DU PARCOURS ZACHÉE

LA BOUSSOLE

Le parcours Zachée a pour intention d'unifier notre vie de laïc chrétien, vie de foi et vie dans le monde. Pour cela, nous avons abordé quatre thèmes : Acteurs de la création ; Au service du bien commun ; L'usage juste de la propriété ; L'option préférentielle pour les plus pauvres. Les quatre premiers thèmes que nous avons travaillés sont intimement reliés entre eux. Ils forment un tout cohérent : la boussole !

Comme l'Évangile, la doctrine sociale de l'Église ne nous invite pas à des comportements légalistes, contraints, obligatoires, ou à des devoirs à remplir pour « gagner le paradis ». La doctrine sociale de l'Église propose des principes de réflexion ; elle dégage des critères de jugement ; elle donne des orientations pour l'action (*Catéchisme de l'Église catholique*, n° 2423).

Parce qu'elle est **enracinée dans la Parole de Dieu**, en particulier dans l'Évangile, elle est une invitation à vivre pleinement, à nous épanouir en tant qu'êtres humains, donc appelés au divin. C'est tout l'inverse d'un code de la route qu'il faudrait apprendre par cœur pour « bien se conduire ». La doctrine sociale de l'Église puise sa force et son dynamisme dans la Bonne Nouvelle du salut.

Les quatre premiers enseignements forment les points cardinaux de la vie chrétienne en société. On peut les résumer de la façon suivante. **Je suis créé par amour à l'image et à la ressemblance de Dieu** (cela il faut se le répéter tous les matins devant sa glace, même si on est mal coiffé…) ; Dieu, dans une surabondance d'Amour, m'a créé pour que je lui ressemble (ça, c'est vraiment un destin merveilleux…) : au centre de toute notre démarche dans le monde, il y a donc cette certitude de foi : « Dieu s'est fait homme pour que l'homme soit fait Dieu » (Saint Irénée). C'est pourquoi, à mon tour, **je suis invité à coopérer à la création par surabondance de son amour**… Ainsi, je suis appelé à poursuivre l'œuvre de la création (enseignement 1). Mais cette création n'est pas une agitation chaotique d'atomes, dépourvue de sens : elle est comme **aimantée** par l'amour (l'aimant aimant…), elle poursuit **le bien commun**, c'est-à-dire **le désir que soit permis l'épanouissement de chacun et de tous** (« Dieu vit que cela était bon »… Nous aussi nous désirons que cela soit bon… : enseignement 2). C'est ce qui donne le **sens** de notre action dans la création. C'est bon !

Or, pour participer concrètement à la création, je ne suis pas un pur esprit. Il faut que j'agisse en usant de ce que je possède, même si c'est très peu de choses matérielles. Que faire de cela ? Agir **en usant avec justice de ma propriété,** comme un régisseur fidèle des biens qui me sont confiés, et dont je serai redevable. Finalement, être **dépouillé** intérieurement – et peut-être extérieurement - pour être au service de l'œuvre de Dieu, dans sa création (enseignement 3).

Enfin, orienté par l'aimant de l'amour, mon action dans la création **épouse le regard de Dieu** sur ceux que le monde rejette parce qu'ils sont faibles, fragiles, « inutiles »… Alors, comme le Seigneur lui-même, j'ai **une option de préférence**, un amour de prédilection, pour ceux qui doivent pouvoir **compter sur moi** : les plus pauvres, ceux qui dépendent de l'amour que je peux (ou non) leur donner (enseignement 4). Jamais je ne suis si proche de la ressemblance avec Dieu que dans l'amour du plus faible que moi.

Ce sont les quatre points cardinaux qui définissent notre **boussole**. Nous pouvons y revenir chaque fois que nous avons un doute sur nos comportements en société ou sur celui des autres : en quoi cela participe-t-il à poursuivre la création ? En quoi le bien commun est-il servi par cette action ? En quoi mon attitude est-elle celle d'un bon gérant des biens qui me sont (momentanément) confiés ? En quoi mon regard se pose-t-il avec tendresse et prédilection sur les pauvres ?

Tout cela pour la vie ! On ne prend jamais assez conscience que Dieu nous a créés pour la vie, pour le bonheur, pour la joie de vivre. De vivre avec lui, et par lui. Même dans cette société qui parfois semble nous écraser et qui, pourtant, nous permet d'exercer cet amour créateur à l'image de Dieu. « Je suis venu pour qu'ils aient la vie et l'aient en abondance » (Jean 10, 10). Alors, faisons du monde notre espace de sanctification !

Ces bases étant posées, le parcours se poursuit en approfondissant les comportements justes dans la vie en société. Rendez-vous donc pour la seconde partie : « LE COMPAS ».

ET UN DERNIER EXERCICE…

À la page suivante est présentée **la boussole** ; elle résume les quatre premiers enseignements. Le jeu, c'est de trouver **3 exemples** dans ma vie qui me permettent d'utiliser la boussole (en se servant des quatre pôles qu'elle indique !) : par exemple ma vie familiale, engagée, paroissiale, professionnelle, etc.

Parole du jour

> « Tout royaume divisé contre lui-même va à sa ruine, et aucune ville ou maison divisée contre elle-même ne peut tenir » *(Mt 12, 25)*.

Je prie l'Esprit Saint pour qu'il me vienne en aide, car j'ai besoin de la lumière de Dieu pour faire l'unité dans ma vie.

POUR MÉDITER (10 minutes). – Diviseur se dit en grec **dia-bolos.** Le diable est donc celui qui nous divise, entre nous mais aussi à l'intérieur de nous. C'est son plus grand ouvrage : nous séparer de Dieu en nous « désunifiant », en nous dressant contre nous-mêmes de l'intérieur. Ainsi l'activité professionnelle qui s'oppose à la vie de famille, ou nos propriétés qui s'opposent à responsabilité envers les plus pauvres. Zachée n'a-t-il pas été « unifié » par la visite de Jésus ? Et, en son nom, l'Église ne nous propose-t-elle pas de vivre cette unité dès aujourd'hui ?

En étant acteur
de la création
En fidèle
régisseur
de la
propriété
qui m'est
confiée
J'unifie
ma vie
en Jésus
En me
tournant
préféren-
tiellement
vers les plus
pauvres
Au service
du bien commun

VOTRE TÉMOIGNAGE EST IMPORTANT

Si le parcours Zachée vous a été utile, s'il vous a permis de progresser, de découvrir les richesses de la doctrine sociale de l'Église et, plus encore, celles que le Seigneur nous prodigue avec abondance, votre témoignage est important. Donnez-le sur le site parcourszachee.com. Nous sommes tous appelés à être des prophètes de l'Amour qui vient.

> « En ce jour-là, tu n'auras plus honte de tous les agissements par lesquels tu t'es révoltée contre moi ; car alors j'écarterai de toi ceux qui exultent de ton triomphe, et tu ne seras plus hautaine dans ma montagne sacrée.
> Je laisserai en ton sein un peuple pauvre et faible, qui trouvera un abri dans le nom du Seigneur. Le reste d'Israël n'agira plus injustement. Ils ne diront plus de mensonges, et il ne se trouvera plus dans leur bouche une langue trompeuse, quand ils se coucheront dans leur pâturage et qu'il n'y aura personne pour les troubler. Pousse des cris de joie, Sion la belle ! Lance des acclamations, Israël ! Réjouis-toi, exulte de tout ton cœur, Jérusalem la belle !
> Le Seigneur a écarté de toi les jugements, il a détourné ton ennemi ; le roi d'Israël, le Seigneur, est en ton sein ; tu n'as plus de malheur à craindre.
> En ce jour-là, on dira à Jérusalem : N'aie pas peur, Sion, ne perds pas courage !
> En ton sein, le Seigneur, ton Dieu, est un héros sauveur ; il fera de toi sa plus grande joie ; il gardera le silence dans son amour ; il poussera des cris d'allégresse à ton sujet. Je recueillerai ceux qui sont dans le chagrin, loin des rencontres festives, ceux qui sont restés loin de toi, sur qui le déshonneur pesait comme un fardeau.
> En ce temps-là, j'agirai contre tous ceux qui t'affligent ; je sauverai ce qui boite, je rassemblerai ce qui était banni. Je ferai d'eux une louange et un nom sur toute la terre où ils ont honte.
> En ce temps-là, je vous ramènerai, en ce temps je vous rassemblerai ; car je ferai de vous un nom et une louange parmi tous les peuples de la terre, lorsque sous vos yeux je rétablirai votre situation, dit le Seigneur. »
>
> *Sophonie 3, 11-20*

TABLE DES MATIÈRES

Achevé d'imprimer sur rotative
par l'imprimerie Darantiere
à Dijon-Quetigny en décembre 2009

Dépôt légal : décembre 2008
N° d'impression : 29-1726

Imprimé en France